고려 갈등사 1

어쩌면
당신이
원했던

고려갈등사 1

통합과 수성의 시대

역사돋보기 이영 지음

Booksgo

자랑스러운 우리의 역사, 고려에 대하여

'고려'는 우리 한국인을 상징하는 이름 중 하나입니다. 우리나라의 영어명 'Korea'도 고려에서 유래했죠. 다른 나라에서 지금도 우리를 '고려'로 부른다고 해도 과언이 아닙니다. 하지만 분단의 실정에서 '고려'는 우리에게 다소 이질적이고 생경한 역사가 되어 버렸습니다.

조선의 수도는 지금의 서울이었고, 가장 가까운 역사였습니다. 조금 더 거슬러 올라가 삼국시대의 백제와 신라는 오늘날의 서울 이남에 수도가 있었기에 유물과 유적지를 쉽게 접할 수 있습니다. 하지만 고구려는 특유의 강인하고 신비스러운 이미지 덕에 큰 사랑을 받는 역사지만, 남아 있는 유물과 유적지가 한정되어 있고, 특히 지금 우리가 사는 '남한'에서는 접하기가 쉽지 않습니다.

고려 역시 수도가 지금의 북한에 있는 개성인지라 오늘날 남한에서는 흔적을 찾기가 어려울뿐더러 삼국시대와 조선시대에 낀 '과도기'라는 인식이 있습니다.

그러나 고려는 조선은 물론 고구려·백제·신라와 또 다른 고려만의 개성 넘치는 매력이 있습니다. 고구려와 같은 강인하고 진취적인 면모를 가지고 있었고, 백제만큼의 고아하고 우아한 아름다움을 가졌으며, 신라처럼 토착의 전통을 중시하고, 또 조선만큼 깊은 학풍을 지닌 나라였습니다. 고구려·백제·신라는 자료가 빈약하여 아쉽고, 조선은 성리학에 대한 과도한 집착이 비판받지만, 고려는 다채롭고 복합적이며 연구할수록 진취적인 매력의 역사를 가지고 있습니다.

무엇보다 고려 이후 분단될 때까지 우리는 천 년을 통일국가로 이어져 왔습니다. 삼국을 통일한 신라도 200년 만에 분열되었을 때 한반도를 다시 통일한 국가가 고려였습니다. 고려로부터 우리의 민족정체성이 형성되기 시작했다고 해도 과언이 아닙니다. 고려가 있었기에 조선이 있을 수 있었고, 또 현재의 우리가 있을 수 있는 거죠.

물론 고려도 내부적 폐단과 부조리 그리고 문제점이 없던 것은 아니었습니다. 하지만 고려의 문제점은 역사의 진행 방향에서 어떤 민족이든 어떤 문화권이든 반드시 거쳐야만 하는 시대적 폐단이었죠. 언젠가 반드시 마주쳐야 하는 역사였던 겁니다. 고려는 스스로 그 폐단을 만들어 가면서도 또 고쳐 보고자 부단히 노력했습니다. 그러한 투쟁의 사이에서 고려라는 역사가 진행되는 원동력이 발생했죠.

　《어쩌면 당신이 원했던 고려 갈등사》를 집필할 때 고려의 역사를 진행하게 하는 그 원동력과 고려만의 멋과 아름다움을 나타내는데 집중하였습니다. 풍부한 고려의 이모저모를 전달하고자 정치, 경제, 생활, 풍속, 예술까지 다양하게 다루고자 하였습니다.

　《어쩌면 당신이 원했던 고려 갈등사 1》은 고려 건국에서부터 문벌 귀족의 시대까지, 시기적으로는 10세기~11세기까지 약 200년에 해당합니다.

　고려의 역사는 주로 4단계로 분류되는데, 각 단계별로 제 나름의 헤게모니를 붙여 보았습니다. 태조 왕건에서부터 고려 거란 전쟁을 끝낸 8대 왕 현종까지를 1단계인 '통합의 시대', 이후 안정기로 접어든 고려가 점점 고인 사회가 되면서 문벌 귀족의 명과 암을 드리우던 2단계의 '수성의 시대'로 말이죠. 1권에서는 1단계와 2단계를 다루고 있으며, 무신정변 이후 3단계와 4단계의 고려 이야기는 2권에 담았습니다.

끝으로 책이 나올 수 있게끔 도와주신 북스고 출판사와 유튜브 〈역사돋보기〉 채널을 운영해 주시는 스튜디오 아이스의 김찬수 대표님, 이동건 님 그리고 다른 직원분들께도 감사의 말씀 전달 드립니다.

역사돋보기 이영

차례

❈ 1부 ❈
통합의 시대

❋ 2부 ❋
수성의 시대

한 눈에 보는 500년 고려사

1대

태조

918년 고려 건국
927년 공산 전투
930년 고창 전투
936년 후삼국 통일
940년 역분전 지급
943년 〈훈요십조〉 저술, 태조 사망

2대

혜종

945년 왕규의 난

3대

정종

947년 광군 조직

6대

성종

982년 최승로의 〈시무 28조〉
983년 전국에 12목 설치
992년 국자감 설치
993년 거란의 1차 침입, 서희의 외교 담판
994년 배향제도 시행

7대

목종

998년 시정 전시과를 개정 전시과로 전환
1009년 천추전 방화 사건, 강조의 정변

10대

정종

1044년 천리장성 완공

11대

문종

1049년 공음전 지급
1053년 최충 사직 후 문헌공도 설립
1056년 흥왕사 건설 시작
1065년 대각국사 의천 출가
1067년 흥왕사 완공
1076년 개정 전시과를 경정 전신과로 변경

14대

헌종

1095년 즉위 1년 만에 숙부에게 양위

15대

숙종

1101년 대각국사 의천의 《속장경》 완성
1102년 해동통보, 삼한통보 주조
1104년 고려의 1차 여진 정벌, 별무반 창설

4대

광종

956년 노비안검법 시행
958년 과거 제도 시행
960년 공복 제정

5대

경종

975년 복수법 시행
976년 복수법 폐지, 시정 전시과 시행

8대

현종

1010년~1011년 거란의 2차 침입
1011년 《초조대장경》 발원 시작
1018년 지방 행정 구역 5도 양계 확립
1018년~1019년 거란의 3차 침입, 강감찬의 귀주대첩
1024년 구분전 지급
1029년 나성 공사 완공
1031년 현종 사망, 강감찬 사망

9대

덕종

1033년 천리장성 축조 시작

12대

순종

1083년 재위 3개월 만에 죽음

13대

선종

1087년 《초조대장경》 완성
1091년 대각국사 의천의 《속장경》 작업 시작

16대

예종

1107년 고려의 2차 여진 정벌, 동북 9성 개척
1108년~1109년 대여진 전쟁, 동북 9성 반환

17대

인종

1087년 이자겸의 난
1127년 척준경 탄핵
1135년 묘청의 서경천도운동
1145년 김부식의 《삼국사기》 편찬

1부

통합의 시대

고려의 건국은 분열된 한반도를 다시 통합하는 과정이었다. 통합이란 비단 영토의 통합만을 의미하지 않는다. 한 국가가 단명하지 않으려면 영토의 통합을 넘어서 사회적 통합을 추구해야 한다. 고려가 500년이나 이어질 수 있던 그 첫 단추는 태조 왕건의 포용의 미학이었다. 왕건의 고려 통합으로 인해 이전의 삼국시대에서 새로운 하나의 시대가 다시 열리기 시작했다.

포용의 미학,
태조 왕건의 후삼국 통일

한반도의 재분열

최초의 통일국가를 수립했던 신라는 약 200년 후 다시 쪼개졌다. 900년에 견훤이 '후백제'를, 901년에 궁예가 '후고구려'를 건국하며 후삼국 시대가 개막했다. 그러나 분열의 조짐은 일찌감치 신라 사회의 저변에 퍼지고 있었다. 한반도의 재분열은 단순히 신라, 후백제, 후고구려 세 개로 쪼개진 것이 아니라 훨씬 더 큰 규모의 분열이었다.

신라의 삼국통일 이후 중앙집권과 통합의 이데올로기로 작동했던 불교의 '교종'이란 종파가 정치권의 혼란스러움으로 쇠퇴하고, 9세기경 당나라 유학 후 귀국한 도의선사가 민중적인 불교 종파 '선종'을 전국에 퍼뜨렸다. 엘리트주의를 지양했던 선종은 수도 경주 중심의 중앙 정부와 귀족의 지지를 받지 못했지만, 수도를 제외한 전국의 민중 사이에서 큰 인기를 얻으며 지방 아홉 곳에서 구산선문이라는 선종 사찰들이 들어섰다.

9세기 중반에 들어서 선종과 더불어 풍수지리설도 함께 신라 전역에 확산하면서 수도 경주의 운이 다하였다며 위상이 추락하고 각 지방의 목소리는 커져만 갔다.

각 지방에선 저마다의 방식으로 사회 유지로 부상한 존재들이 나타나니 바로 호족이다. 이들은 튼튼한 경제력을 바탕으로 백성의 지지를 받는 선종 승려를 후원하였다. 더 이상 중앙 정부가 정부의 기능을 못하자 호족은 중앙 정부의 통제를 거부했고, 백성은 호족에게 호응했다. 여기에 골품제의 한계에 불만을 품은 6두품 출신 유학자들도 호족에게 가담하며 관료제적 고문 역할을 해 주었다. 호족의 확산 속도는 무서울 정도로 빨랐다. 비록 호족의 크고 작은 세력 차는 분명히 존재했지만, 신라엔 무수히 많은 호족이 궐기하였다.

따라서 한반도의 재분열은 후삼국 시대라기보단 강력해진 지방의 힘이 탄생시킨 호족의 군웅할거 시대였으며, 한반도의 재통합이란 후삼국 통합이 아닌 전국의 호족을 통합시키는 일이었다. 마치 중국의 삼국지와 비슷한 개념이다.

최초로 독보적인 호족으로 성장하여 신라 정부에 반기를 든 세력은 강원도 원주의 호족 겸 군벌이었던 양길이었다. 양길은 오늘날의 경기도와 충청도까지 세력을 확산하며 그의 영향력에 있던 성이 무려 10~30개에 달했다. 양길은 본격적으로 군벌로 성장한 호족이었는데, 900년 견훤이 스스로를 왕으로 칭하면서 당대 사회에 큰 충격을 주었다. 세력을 확산시키는 호족은 많았지만, 국가를 선포하는 건 완전히 다른 이야기이기 때문이다.

견훤은 지금의 경북 문경 출신으로 평범한 농부 집안에서 태어났다. 다만 야망이 남달랐던 견훤은 일찌감치 신라군에 입대했다. 군인이 된 견훤은 서해안 일대로 부임지를 발령받는데, 당시 서해안은 호족과 해적 사이의 존재들이 서해안 질서를 어지럽히고 있었다. 견훤이 바로 이 서해안 해적을 소탕하면서 이름을 떨쳤고, 그렇게 전라도 서해안 일대의 호족으로 거듭났다.

견훤은 무작정 진압하기보다는 그들을 복속시키면서 해상권의 시스템을 그대로 흡수했다. 견훤은 서해안 일대를 토벌한 공을 인정받아 신라 정부로부터 비장裨將이란 관직에 임명되기도 했다. 서해안 일대를 정리했을 때까지만 해도 중소호족에 불과했던 견훤은 지금의 광주광역시 무진주를 점령하면서 대호족으로 군림했다.

그런데 한번은 견훤이 지금의 전주시 완산주를 방문했을 때 전주 백성들이 압도적인 환호를 보냈다고 한다. 그렇게 민심이 본인에게 있음을 깨달은 견훤은 완산주(전주)에 도읍을 정한 채 아예 새로운 국가를 만들어 신라로부터 독립해 버린다.

견훤은 후백제를 건국했다. 견훤이 뚱딴지같이 백제 계승 의식을 밝힌 건 전라도 일대에 있는 호족을 포섭하기 위한 정치적인 프로파간 다였다. 전라도 특히 전북 일대는 옛 백제 영토였고, 이곳의 호족 상당 수는 그 조상이 백제인, 그중에서도 지배층 후손일 가능성이 컸기 때문이다. 견훤이 도읍을 무진주(광주광역시)가 아닌 완산주(전주)에 정한 내막도 백제 계승 의식은 전남 지역보다는 전북 지역이 더 짙었기 때문이다.

한편 양길은 양길 나름으로 세력을 팽창하고 있었다. 양길은 동해 안 일대로 진출을 꾀했는데, 그때 그의 부장이었던 궁예를 강릉으로 보냈다. 신라 왕실의 버려진 왕족이라고 '자칭'했던 궁예는 경기도 안 성 죽주의 호족이었던 기훤을 모셨으나, 기훤이 궁예를 중용하지 않자 기훤을 떠나 양길에게로 갔던 것이다.

궁예는 양길의 지시로 강릉을 제패했으나 정작 강릉을 차지한 뒤 궁예는 양길로부터 독립을 선언했다. 궁예는 양길의 세력과 싸우고 타 지방의 호족을 포섭하며 세력을 팽창시켰다. 동해안에서 나온 궁예는 황해도 서해안까지 영향력을 확대하며 신진호족으로 성장했다.

황해도 일대를 '패서 지역'이라고도 불렀는데 패서 지역의 호족이 대거 궁예에게 합류하여 궁예의 세력 확산에 큰 도움이 되었다. 패서 지역에서 가장 핵심적인 도시가 송악으로, 오늘날 북한의 개성을 말한다. 궁예는 패서 호족의 지원을 받고자 일부러 송악에 근거지를 둘 정도였다. 송악의 호족이 바로 왕건의 집안이었다.

패서 호족의 왕건

왕건의 집안은 황해도 송악에서 해상 무역으로 막대한 부를 벌어들이며 성장한 호족 집안이었다. 해상 무역에 종사했던 집안답게 왕건은 선박과 항해에 대한 지식이 해박할뿐더러 수전이 가능한 독자적인 병력도 보유하고 있었다. 왕건의 집안은 송악의 대호족이었던 만큼 패서 호족의 구심점 역할을 하고 있었다.

궁예는 수군력을 포함해 부족한 군사력을 보완해 줄 파트너로 송악의 대호족인 왕건 집안의 힘이 절대적으로 필요했다. 왕건은 아버지와 함께 궁예의 세력으로 들어갔고, 젊은 왕건은 궁예 세력의 군부를 책임지는 중요한 위치에 있었다.

패서 호족을 끌어들인 궁예는 양길에게 적극적인 공세로 밀어붙였고, 899년 경기도 안성으로 추정하고 있는 비뇌성 전투에서 큰 승리를 거두면서 양길의 세력을 대파했다. 이로써 궁예는 경기도 남부까지 영향력을 떨쳤고 신라의 중북부를 아우르는 패자로 거듭났다.

궁예가 맨 처음 모셨다는 기훤의 후일담은 전해지는 바가 없지만, 궁예와 양길의 마지막 전투였던 비뇌성이 경기도 안성이라는 점을 고려하면 이미 양길의 세력에게 통합됐던 것으로 추정한다. 궁예는 양길의 잔당 세력을 완벽히 토벌한 뒤 901년 스스로 왕에 등극했다. 국호는 후고구려였고 수도는 송악이었다.

고구려와 별다른 연관도 없는 궁예가 뜬금없이 고구려를 계승한 이유는 전라도 호족을 포섭하려 했던 견훤과 동일하게 패서 호족을 포섭하기 위함이었다. 궁예가 양길의 세력을 멸하고 한반도 중북부를 통합한 배경엔 패서 호족의 힘이 절대적이었다.

패서 호족도 그들의 조상이 고구려인이라는 정체성을 가지고 있었다. 그래서 궁예는 본인 연고지도 아닌 송악에 도읍을 정한 것이었다. 고구려의 옛 수도였던 평양성에 도읍을 정하지 않은 이유는 통일신라의 영토는 대동강 이남으로 국한됐던 터라 이제 평양은 변경 지역이었고, 《삼국사기》에도 평양에는 '잡초만 무성하다'라고 기록되어 있다.

901년 후고구려의 건국으로 비로소 신라는 공식적으로 후백제와 후고구려로 찢어졌다. 견훤의 후백제와 궁예의 후고구려는 후대에 붙인 이름이고, 당대에는 백제, 고(구)려라고 칭했다.

후고구려와 후백제의 본격적인 충돌은 903년이었다. 아직까진 후백제의 견훤은 신라 전선에 집중하고 있을 때였다. 견훤은 전라남도에서 경상남도로 넘어가는 중요한 요충지 중 하나였던 경남 합천의 대야성을 공략하려 했지만, 대야성만큼은 좀처럼 함락되지 않았다. 《삼국사기》에는 다음과 같이 기록하고 있다.

후백제 왕 견훤이 대야성을 공격하였으나 승리하지 못하고, 금성 남쪽으로 군사를 옮기면서 부근의 부락을 약탈하고 돌아갔다.

－《삼국사기》 제50권 견훤 열전

대야성 함락 실패 후 견훤은 돌아오는 길에 금성(현재 전남 나주)과 그 부근을 약탈했다고 한다.

이미 후백제를 건국하면서 전라도 전체를 장악했던 견훤이 대체 왜 나주를 굳이 공격했을까? 견훤의 첫 세력지가 전남 광주 무진주이기는 했으나 정작 국가의 도읍을 전북 전주 완산주에 정하면서 전남 지역엔 견훤에게 불만을 품은 호족이 더러 있었다. 특히 나주가 견훤에게 반기를 들었던 것으로 보인다.

이에 후고구려의 궁예는 나주를 이용하기로 한다. 나주를 포함해 전남 지역의 호족이 궐기하여 후백제 내부에 혼란이 터진다면 후백제 정벌이 쉬워지기 때문이다. 하지만 전남은 한반도 남쪽 지방이고 후고구려는 한반도의 중북부이다. 후백제의 관할권과 신라의 영토를 뚫고 나주로 내려가기란 불가능이었다.

육로로 갈 수 없다면 방법은 하나. 왕건은 궁예에게 바다를 통해 한반도의 서해안을 삥 둘러 나주로 상륙하자는 방법을 제안했다. 황해와 남해 사이의 바다는 물살이 매우 급하며, 배의 성능도 확실하지 않은 시절에 바다로 우회하여 상륙하기란 매우 고난도의 작전이었다.

하지만 왕건은 해상 무역에 종사하던 호족 집안 출신이었다. 바다와 배에 관해선 누구보다 전문가였다. 903년 왕건의 첫 나주 상륙은 대성공이었다. 903년 왕건의 첫 나주 상륙을 시작으로 끈질긴 나주공방전이 개전하였다. 견훤은 곧바로 나주를 탈환한 것으로 보이지만, 어쨌든 아무도 예상하지 못한 왕건의 나주 상륙전은 후백제와의 전투를 알리는 신호탄으로 강력한 기습이었다.

그러나 904년부터 궁예는 패서 호족을 당황하게 했다. 궁예는 904년 수도를 강원도 철원으로 옮기고 국호를 '마진'으로 고쳤다. 고구려계승 의식을 포기한다는 상징적인 행위였으며, 노골적으로 패서 호족에서 벗어나겠다는 궁예의 선전포고나 다름없었다.

아무리 패서 호족의 지지가 있어 궁예가 왕으로 추대되었다 한들 궁예는 엄연히 왕으로서 그 권위가 약하지 않았다. 궁예의 나라는 패서 호족만 있지 않았고, 패서 호족도 마음에 안 든다고 자유롭게 지분을 뺄 수 있는 구조는 아니었다. 궁예의 정치개혁에 패서 호족은 바로 불만을 터뜨릴 수는 없었다. 왕건도 수군을 계속 지휘하고 있었다.

907년 후백제의 견훤은 지난날 선공에 대한 앙갚음으로 육로로 북상하여 추풍령 일대를 장악했다. 이에 위기감을 느낀 왕건은 909년 군사 2,500명을 거느리고 다시 나주에 진출해 세 차례에 걸쳐 후백제군을 물리쳤다. 나주뿐만 아니라 왕건은 신안군과 진도를 점령한 뒤 후백제와 중국을 오가던 후백제의 선박을 나포하여 해상을 봉쇄했다.

이번엔 견훤도 배를 타고 직접 왕건을 추격했는데, 전남 영광의 덕진포에서 둘은 맞붙었다. 덕진포 해전에서 왕건은 바람을 활용해 화공을 퍼부어 후백제군을 바다에 빠뜨렸다. 목을 벤 적의 수급이 500여 급에 달했다고 하며, 견훤은 작은 배를 타고 도망쳤다.

덕진포 해전 이후 왕건은 서남해의 해적 겸 해상 호족이었던 '능창'을 마진으로 압송했다. 수달이라는 별명으로 더 이름을 알렸던 능창. 신안군 압해도에 거점을 두고 1,000개가 넘는 신안군의 섬을 관할하던 능창은 왕건파도 견훤파도 아닌 독자적인 해상 세력이었다.

상대적으로 견훤의 후백제 쪽으로 살짝 기울었다고 보는 쪽이 지배적이긴 한데, 왕건은 향후 계속 나주 상륙을 감행하고, 서남해 제해권 장악을 위해선 언제 방해를 놓을지 모르는 능창을 손봐야만 했다. 방해하지 않더라도 계속 커지는 능창의 존재가 왕건에게는 거슬릴 수밖에 없었다. 왕건은 첩자 몇 명을 압해도로 보내 능창을 납치해 버렸다.

왕건이 능창을 데려가자 궁예는 능창에게 침을 뱉으며,

"해적들이 다 너를 추대하여 두령으로 삼았지만, 지금은 나의 포로가 되었으니 어찌 나의 계책이 신묘하지 않겠느냐."

라고 말하며 능창을 죽였다. 궁예가 이토록 능창을 모욕 보인 건 그만큼 능창의 해상 세력이 걸리적거렸다고 볼 수 있다. 능창의 제거로 왕건은 이제 장애물 없이 이전보다 더 편안하게 서남해로 내려갈 수 있었다.

나주공방전에선 왕건이 유리하게 이끌어 가고 있었으나 궁예가 새롭게 국호를 바꾼 마진 내부에서는 상황이 좋지 못했다. 911년 궁예는 국호를 또 '태봉'으로 바꾸었다. '마진'이나 '태봉'이나 불교 용어로 추정되는데, 불교 신앙을 바탕으로 폭군이 되는 궁예의 앞날을 예견하는 일종의 복선처럼 다가온다.

태봉의 출발을 알린 궁예는 왕건에게 나주 방면에 대한 더 적극적인 공세를 지시했다. 덕진포 해전 이후 견훤은 군사 3,000명을 데리고 왕건과 궁예에게 기울고 있던 나주를 10일간 포위하기도 하였다.

왕건은 태봉의 수군 기지가 있던 오늘날의 평안북도 정주시와 나주를 오가며 나주에 영향력을 퍼뜨리고 있었다. 911년 나주 방문 때는 왕건에게 크나큰 소득이 하나 있었다.

나주의 한 우물을 지나던 왕건이 빨래하던 오씨를 마주쳤는데, 마침 갈증이 났던 왕건은 오씨에게 물 한 잔을 요청했다. 오씨는 물을 담은 바가지에 급히 마시다가 체하지 말라며 나뭇잎 하나를 올려 주었다. 오씨의 현명함에 왕건은 오씨와 부쩍 친해졌고 결국 남녀의 정을 통하였다.

오씨가 왕건의 정체를 몰랐을 리 없었다. 나주는 견훤의 후백제에서 벗어나 왕건에게 호응하고 있었을 때였다. 나주 사람에게 왕건은 해방자나 다름없었다. 왕건의 위상이 위상인 만큼 오씨는 왕건을 절대 놓쳐서는 안 되는 남자였다. 두 남녀가 관계를 맺을 때 왕건이 질외 사정을 하자 오씨가 바닥에 떨어진 정액을 질 속에 넣어 임신하였다는 설화가 전해진다.

훗날 왕건이 고려의 왕으로 등극한 후 오씨는 왕건의 두 번째 왕비인 장화왕후 오씨가 되고, 그녀가 낳은 아이 왕무는 왕건의 장남으로, 고려 2대 왕 혜종으로 등극한다. 장화왕후 오씨는 나주에서 소금 상으로 호족이 된 오다련의 딸이었다고 한다.

하지만 설화 속에서 오씨가 직접 빨래하고 있었다는 설정과 《고려사》의 '왕건이 그(혜종)의 어머니 오씨가 미약한 가문 출신이어서 옹립 못할까 우려했다'는 기록으로 미루어 짐작건대 그녀의 집안이 그렇게 큰 호족 가문은 아닌 것으로 보인다.

912년 덕진포에서 태봉과 후백제 사이에서 2차전이 전개됐다. 이번에는 궁예가 직접 친정을 하였고 역시 태봉의 승리였다. 여태 모든 나주 전선을 지휘했던 왕건은 시중이란 벼슬을 받으면서 중앙 정부로 올라왔기 때문에 작전에서 배제되었다. 언뜻 보면 궁예가 그간 왕건의 공을 치하하는 일 같지만 숨은 이면에는 패서 호족의 구심점 역할을 하던 왕건을 더 가까이서 경계하고 견제하기 위한 목적이었다.

그러나 왕건 없는 나주 전선은 의미가 없었다. 설령 912년 2차 덕진포 해전에서 궁예가 직접 이끄는 태봉군이 승리하였지만, 왕건의 후임으로 발령받은 장수들은 후백제 견훤의 공격에 제대로 대응하지 못했다. 별수 없이 궁예는 왕건을 나주 전선에 복귀시켰다.

914년 군사 2,000명으로 왕건은 나주를 재공략했다. 견훤의 적수는 왕건이 유일했다. 궁예는 승리에 크게 기뻐하며 왕건을 극찬했다. 비록 궁예가 패서 호족을 정치적으로 경계했지만, 왕건 개인에 대해서만큼은 총애가 남달랐다. 아직 나주공방전은 마무리되지 못했지만 914년 이후로 잠시 소강상태에 접어든다. 태봉 내부에 큰 변화의 바람이 부니, 왕건의 왕위 등극이었다.

고려 건국

궁예는 재위 후반기로 갈수록 학정을 일삼는 폭군으로 변모했다. 《고려사》에는 말년의 궁예를 가리켜 이르기를,

> 집권 후반기에는 스스로를 미륵이라 자칭했으며, 관심법으로 사람의 마음을 뚫어본다고 주장하고, 법봉을 사용하여 신하들을 때려죽이는 등 광기를 일으켰다.
>
> −《고려사》 권1, 세가1, 태조1, 태조 총서

라고 묘사하고 있다. 역사는 승자의 기록이고 궁예를 어떻게든 깎아내려야 고려 건국의 정당성이 부여되기 때문에 이 기사를 어디까지 믿어야 할지 모르지만, 궁예가 공포정치로 왕권 강화를 도모했다고 해석할 수 있다.

궁예가 공포정치의 이념으로 선택했던 무기가 불교라는 종교였다.

궁예가 불교계를 끌어들이려고 했다고 볼 수 있지만, 정작 불교계에서는 궁예의 공포정치에 학을 뗐다. 궁예는 대외적으로도 평판을 잃었다. 무너져 가던 신라의 지배층이 다수 태봉으로 망명을 신청했는데, 신라를 극도로 싫어하던 궁예는 태봉으로 유입해 오는 신라인을 족족 체포하여 처형하였다. 궁예의 사람 죽이기는 도를 넘어서고 있었다. 궁예의 왕권 강화에 찬동하지 않는다면 역모로 몰아갔다. 왕비였던 강씨가 궁예를 말리자 궁예는,

"네가 다른 남자와 간통하고 있지 않느냐. 나는 관심법으로 보아서 다 알고 있다."

라며 왕비와 두 아들까지 죽였다. 왕비 강씨는 황해도 신천의 호족 집안이었다고 한다. 즉 패서 호족이었다는 소리다. 궁예의 강씨 처형은 패서 호족에 대한 경고였을 텐데 아무리 그래도 아내와 아들을 모두 죽였다는 건 이해하기 힘들다.

궁예가 무작정 사람을 죽이기만 해서 왕권 강화를 노렸던 건 아니다. 궁예도 정치적 측근 세력이 필요했다. 그래서 궁예는 청주 지역의 호족을 육성하였다. 왜 청주인지는 모르겠지만 궁예는 청주 지역의 백성 1,000호를 수도였던 철원으로 이주시켰고, 청주 호족을 중앙요직에 임명했다. 청주로 천도하려던 계획을 세우고 있었을 수도 있다.

왕건도 궁예의 칼을 피하지 못할 뻔한 적이 있었다. 915년 그러니까 나주공방전이 소강상태로 접어들었을 때, 궁예는 왕건을 불러들여

관심법을 사용하며 왕건에게 역모 혐의를 씌웠다.

왕건은 어찌할 바를 몰라 식은땀을 흘리고 있을 때, 옆에 있던 6두품 출신의 젊은 학자 최응이 일부러 붓을 떨어뜨리곤 줍는 척을 하며 왕건에게 궁예의 말에 무조건 호응하라고 속삭였다. 이를 들은 왕건이 혐의를 인정하자 궁예가 호탕하게 웃으며 그냥 넘어갔다고 한다.

궁예는 대내외적으로 너무 많은 민심을 상실하고 있었다. 과거 궁예와 함께 고구려를 계승하겠다며 국가 수립에 참여한 패서 호족의 불만은 가득 쌓여 있었다. 패서 호족은 왕건에게 모여들었다. 그나마 왕건은 패서 호족임에도 궁예의 각별한 신뢰를 받고 있었고, 나주공방전을 성공적으로 이끌며 태봉 내에서도 궁예 다음가는 실세임에는 분명했다.

918년 홍유, 배현경, 신숭겸, 복지겸 네 사람이 왕건을 찾아와 궁예를 더 이상 이대로 둘 수 없다고 간언했다.

"지금의 왕은 포악하여 나라를 다스릴 수 없으니 시중(왕건)께서 왕위에 올라야 합니다."

왕건이 주저하고 머뭇거리자 왕건의 첫째 아내 유씨가 손수 왕건에게 갑옷을 입혀 주었다. 마음을 결심한 왕건은 홍유, 배현경, 신숭겸, 복지겸 4인과 함께 군사를 일으켜 궁예를 내쫓았다. 그리고 마침내 왕건은 만인의 추대를 받아 왕으로 즉위하였다.

쫓겨난 궁예는 도주 중에 백성에게 맞아 죽었다. 역시나 궁예는 민심도 잃은 것으로 보이는데, 철원 향토사에서 전해지는 바로는 궁예가 본인의 지지 세력과 끝까지 왕건과 항전하다가 장렬하게 전사했다고 한다. 어느 것이 사실인지는 모르겠으나 적어도 철원에서만큼은 철원을 한 국가의 수도로 삼아 준 궁예를 나름 변호해 주고 긍정적으로 기억하려 한다.

역사란 전해지는 방식, 기억하는 방식에 따라 다채롭게 해석된다.

왕건이 철원에서 등극하고 국호를 '고려'로 돌려놓았다. 첫째 아내 유씨는 신혜왕후 유씨가 되었고, 나주에서 만난 오씨는 왕건의 제 2비 장화왕후 오씨가 되었다. 왕건의 장남이었던 왕무의 나이 여섯 살 때였다.

이듬해 919년 왕건은 자신의 근거지였던 송악으로 천도했다. 송악은 '개경'이 되어 향후 500년간 고려의 심장으로 기능하게 된다. 왕건은 자신에게 맨 처음 대업을 제안해 준 네 사람 홍유, 배현경, 신숭겸, 복지겸을 일등 공신에 임명했다.

관제와 관련해서는 태봉의 기존 관제를 그대로 따르되 일부는 기존 신라식으로 변경하여 운영했다. 아직은 한반도가 전쟁의 시기였기에 내정에 관한 의논이 이루어지기 어려웠다.

적절한 시기에 제도를 고칠 때는 그릇된 것을 하나하나 시정해야 하며, 풍속을 이끌고 백성을 가르칠 때는 명령을 신중히 내려야 한다고 들었다. 전 임금이 신라의 품계와 관직과 군읍의 호칭을 모두 촌스럽다고 하여 완전히 새로 고쳐 여러 해 동안 시행하였으나 백성들이 익히 알지 못하고 혼란만 가중되었다. 이제 다 신라 때의 호칭으로 고치되 그중 알기 쉬운 것은 새 호칭을 따르도록 하라.

-《고려사》권1, 세가1, 태조1, 태조 원년(918년)

왕건이 나라 건국에 집중하고 있는 동안 후백제의 견훤은 날아다녔다. 920년 전남에서 신라 경주로 넘어가는 길목인 경남 합천의 대야성이 끝끝내 함락되고 말았다. 신라의 55대 왕 경애왕은 곧바로 고려의 왕건에게 구원을 요청하였다. 왕건은 신라 구원을 명분으로 충청도 방면으로 진군하였다.

924년 견훤은 향후 고려와 싸우고 신라의 수도 경주로 들어갈 수 있는 요충지를 물색하던 중 오늘날 경북 김천인 조물성을 점령하기 위해 아들을 보냈으나, 조물성 내 군민들이 후백제의 지배를 거부하며 항전하여 후백제군을 무찌르기도 하였다. 하지만 조물성 자체 병력만으로는 계속 버티긴 어려웠다.

925년 이번엔 견훤이 직접 친정에 나서 조물성으로 나서자 왕건도 직접 3,000기의 기병대를 이끌고 조물성에서 견훤의 후백제군과 맞붙었다. 왕건과 견훤이 오랜만에 붙는 리매치였다. 조물성 전투는 큰 전투는 아니었고 양측의 승세가 비등하자 당장은 전투를 그만두자고 상호 합의를 보고 군대를 물렸다.

화해의 의미로 견훤은 조카를 고려에 볼모로 보냈으나 조카가 고려 땅에서 사망하였다. 왕건은 그럼에도 견훤 조카의 장례를 치러 주고 최대한 예를 갖추어 시신을 후백제에 인도했으나, 견훤은 왕건이 자기 조카를 죽였다고 판단해 두 국가의 평화는 오래가지 못하였다.

견훤은 경북 지역 상당수를 점령한 뒤 회심의 작전을 수행하기로 결단했다. 바로 신라의 수도 경주를 침공하는 작전이었다.

공산 전투와 고창 전투

후삼국 시대 전쟁을 대표하는 두 전투가 공산 전투와 고창 전투다. 두 전투 모두 서로 다른 결과를 내며 전세를 뒤바꾸어 버렸다.

경북 지역을 거의 수중에 넣은 견훤은 신라의 수도 경주를 침공하려 했다. 정식적인 대군을 이끌고 경주를 공략하자니 시간이 많이 지체되고 후방에서 왕건의 공격을 의식하지 않을 수가 없었다.

견훤은 소수의 정예병력만을 데리고 험하되 빠른 길로 곧장 경주로 직공을 감행했다. 이는 위험천만한 작전이었다. 신중하게 전세를 파악하고 방어전략을 세우기보단 후방의 위험을 감수하고 적의 심장부를 노리는 작전이었다. 속도가 생명인 만큼 작은 지장이 생기면 전체를 말아먹을 수 있었다.

그러나 견훤은 이 어려운 작전을 성공시킨다. 신라의 수도 경주에 침투하는데 성공한 것이다. 당시 견훤의 나이 환갑 안팎으로 믿을 수 없는 노익장이었다. 견훤이 신라의 궁성으로 들이닥쳤을 때 신라의 경애왕은 알 수 없는 이유로 포석정에 있었다고 한다. 견훤은 경애왕을 죽인 뒤 마지막 왕 경순왕을 옹립했다.

견훤이 작전을 성공시킬 수 있었던 배경엔 왕건의 실책도 한몫했다. 왕건은 고려 건국 후 주특기인 수전과 상륙작전 그리고 계속해서 공략했던 나주 방면으로 나서지 않고 육로로 남진하고 있었다.

이제는 장군이 아닌 '왕'으로서 왕건은 충청도의 호족을 포섭하는 일에 집중하던 터라 진군 속도가 매우 느렸다. 견훤이 경주에 침투하여 왕을 교체했다는 소식을 접하고 나서야 부랴부랴 속도를 높여 경주로 남하하였다.

견훤도 소수의 병력만 데리고 왔던 터라 경주에 침투해서도 신라를 멸망시킬 여유는 없었다. 왕을 교체하는 정도로 만족해야만 했다. 왕건이 1만 5천의 병력으로 경주 인근에 다다른다고 하자 견훤은 바로 경주를 나와야만 했다.

견훤은 철수하려는 와중 왕건의 부대가 대구 근처에 있다는 정보를 접하고는 또 한 번 위험천만한 작전을 수립한다. 엄연히 군사 수는 견훤 쪽이 열세였지만, 무작정 도망치기보다는 인근 산속에 매복하고 있다가 그곳을 지나치는 왕건의 고려군을 기습하기로 한 것이다.

그리고 또 한 번 견훤은 작전을 성공시켰다. 왕건이 대구의 공산을 지나칠 때 견훤은 매복한 군사들로 고려군을 덮쳤고, 고려군은 궤멸적인 타격을 받았다. 고려군 1만 5천 가운데 약 5,000명이 전사했다. 고려군 1만 5천 중 왕건의 직속 기병대가 5,000이었다고 하니 아마 전멸한 것으로 보인다.

왕건도 죽음의 위기에서 벗어나기 힘들었는데, 고려 건국의 일등 개국공신 네 명 중 한 명이었던 신숭겸 장군 포함 여덟 명의 장수가 왕건인 척 연기하며 유인해 준 덕에 겨우 목숨만 부지한 채 살아서 도망칠 수 있었다.

왕건 최악의 굴욕이었던 이 전투가 927년의 공산 전투이다. 미끼가 되어 준 신숭겸을 비롯한 여덟 명의 장수는 모조리 전사했다. 후대에 이 여덟 명의 충정을 기리고자 사람들은 공산을 '팔공산'이라고 불렀다.

춘천 출신의 신숭겸은 신분은 미천했고 성씨도 원래 없었으며 본명도 신숭겸이 아니었다. 하지만 신숭겸을 몹시 아꼈던 왕건은 직접 신씨 성을 하사했고 '숭겸'이란 이름도 지어 주었다고 한다.

신숭겸은 처음 이름이 능산能山이며, 광해주光海州 사람이다. 체격이 크고 무예에 뛰어나며 용맹스러웠다. 10년(927)에 태조가 공산의 동수에서 견훤과 전투를 벌였는데, 전세가 불리하였다. 견훤의 군사가 태조를 포위하여 매우 상황이 불리해지자 대장 신숭겸은 김락 등과 함께 힘껏 싸우다가 전사하였다. 태조가 그의 죽음을 매우 슬퍼하여 시호를 장절壯節이라 하고, 그의 아우 신능길과 아들 신보, 김락의 아우 김철을 모두

원윤元尹으로 임명하였으며, 지묘사를 창건하여 명복을 빌게
하였다.

-《고려사》권92, 열전5, 신숭겸 열전

　공산 전투의 패전 후 왕건은 수세로 전환하였다. 패전의 여파로 왕
건이 포섭해 두었던 호족 일부가 견훤으로 노선을 바꿨으며, 고려 군
부의 장수들도 여럿, 후백제로 투항해 버렸다. 뼈아픈 패배의 쓴맛을
본 왕건은 별수 없이 소극적으로 변할 수밖에 없었다.

　이를 답답하게 여긴 고려 장수가 있었으니 바로 유금필이었다. 공
산 전투에 신숭겸이 있었다면, 이제 곧 전개될 고창 전투에선 이 유금
필이 있었다. 유금필의 활약상은 각종 전설로도 전해질 만큼 용장 중
의 용장이었다.

　고려를 건국한 지 얼마 안된 시점에서 유금필은 북방의 오랑캐를
토벌하는 것이 우선이라며 말갈족 토벌을 제안해 3,000명의 고려인 포
로를 구출해 낸 적이 있었다. 충청도 예산에서 후백제군 3,000명을 무
찌른 전적도 있으며, 공산 전투에 앞서 김천에서 싸웠던 조물성 전투
에서 견훤이 직접 이끄는 후백제군과 고려군이 비등하게 싸운 것도 유
금필 덕이었다.

　공산 전투 일 년 후 왕건이 충북 보은의 삼년산성에 있을 때 견훤의
기습으로 포위될 뻔한 적이 있는데, 유금필이 등장하여 왕건을 구출했
다. 그리고 마침내 고창 전투의 막이 서서히 오르고 있었다.

당시의 고창은 오늘날의 경북 안동을 말한다. 고려-후백제-신라의 싸움에서 자연스레 경북과 충북 지역이 격전지가 될 수밖에 없었다. 929년 견훤은 경북 안동을 포위하였다. 당시 안동에는 고려군 3,000명이 고작이었다. 왕건은 안동의 고려군을 구해야 하지만 공산 전투와 얼마 전 삼년산성에서도 아찔한 상황이 떠올라 신하들과 함께 퇴로 확보부터 고민하였다.

이에 유금필이 말하길,

"신이 듣건대 '병기는 흉한 기구이며 전투는 위험한 일'이라 하였으니, 구차히 살려는 마음을 버리고 죽을 각오로 싸워야만 승부를 결정할 수 있습니다. 지금 적과 마주하고 있는데, 싸워 보지도 않고 먼저 기세가 꺾여 달아날 걱정만 하면 어찌 되겠습니까? (중략) 신은 진군하여 급히 공격하길 바라옵니다."

왕건은 유금필의 능력을 믿으며 그를 안동으로 보냈고 유금필은 안동의 저수봉 고지를 점령하는데 성공하였다. 전쟁에서 고지대를 선점하는 일은 대단히 중요하다. 기세를 끌어올 수 있기 때문이다. 덕분에 왕건의 고려 본대가 무사히 안동으로 진입하였다. 930년 1월 왕건의 고려군과 견훤의 후백제군이 맞붙었고, 결과는 고려의 대승이었다.

조금씩 조금씩 고려군이 후백제군을 밀고 있던 와중에 저수봉에 주둔하고 있던 유금필이 내려와 합세한 것이 결정적이었다. 고창 전투에서 견훤의 후백제군 무려 8,000명이 전사했다고 한다. 공산 전투의 패배를 덮고도 남을 기념비적인 승리였다.

고창 전투에서 유금필의 활약상이 크긴 했지만, 또 한 가지 왕건의 승리 요인은 바로 민심이었다. 고창 전투와 관련해서는 안동 내에서 안동의 도인이나 백성이 신비스러운 힘으로 고려군을 도와주었다는 민담이 전해지고 있다. 안동의 민심이 고려로 향하고 있었다.

안동의 민심은 왜 후백제가 아닌 고려를 선택했을까? 한국전통문화대학교 문화유적학과 이도학 교수는 이렇게 분석했다.

후백제 본토와 경상북도 지역은 멀리 떨어져 있다. 그랬기에 본국에서 지속적으로 군량을 보급하지 않는다면 주둔지의 호족을 통해 차출하거나 현지에서 약탈하는 방법밖에는 없다. 그러나 이 경우 현지 주민으로부터 원성을 살 수밖에 없다. 왕건은 군량 조달과 관련해 현지의 호족과 타협하는 방식을 많이 취하였다. 이와는 달리 견훤은 둔전을 통해 자체 조달하려고 했다. 그러나 둔전은 일정 기간 군대가 상주하고 있어야 가능하다. 그래서 고창 전투에서는 고려할 수 없었다. 보급이 가장 큰 문제가 되면 결국에는 현지에서의 수탈 외에는 방법이 없었다. 이미 들어와 있는 고려군을 포위하기 위해 고창으로 쳐들어온 견훤의 후백제군은 현지에서의 군량 조달 때문에 약탈을 자행했던 것으로 추측된다. 결국 이에 대한 반감이 고창 전투에서 고려가 승리하게 되는 결정적 요인이었을 가능성을 제기해 본다.

－《후삼국 시대 전쟁 연구》(이도학, 주류성, 2015)

고창의 호족이 고려에 호응했다. 그들이 왕건을 도우면서 후백제의 견훤은 이미 고려군을 이길 수가 없었다. 고창 전투를 통해 후백제는 재기불능의 상태로 전락하고 말았다. 이렇게 후삼국 전쟁도 후반기로 달려가고 있었다.

후삼국 통일

고창 전투의 승리로 승세를 잡은 왕건은 다시 적극적인 공세를 취했다. 934년 유금필이 오늘날 충남 홍성인 운주성을 함락시켰다. 운주성 전투 이전 유금필이 왕건에게 이런 말을 건네며 승리를 확언했다.

"오늘의 형세는 싸우지 않을 수 없습니다. 바라건대 성상께서는 걱정하지 마시고 신들이 적을 쳐부수는 것을 보시옵소서."

점차 충청도도 완전하게 고려의 영향권으로 자리 잡고 있었다. 유금필의 활약은 여기서 끝이 아니었다. 왕건이 반드시 짚고 넘어가야 할 곳이 있었으니 바로 나주였다. 왕으로 등극하기 전까지 나주에서 그토록 치열하게 싸웠지만, 왕으로 등극한 후 나주에 신경을 쓰지 못한 사이 후백제에 빼앗긴 상태였다.

하지만 왕건이 예전처럼 직접 상륙작전을 감행하긴 어려웠다. 그래서 홍유, 박술희 등의 추천으로 유금필이 나서기로 하였다. 935년 유금필은 옛날의 왕건처럼 배를 타고 나주에 도착해 나주를 탈환하였다.

이때 고려에 또 하나의 큰 사건이 있었다. 발해의 마지막 태자라고 일컬어지는 '대광현'이 수만의 발해 백성들을 데리고 고려에 귀순한 것이다. 발해는 이미 926년 거란족의 침입으로 멸망하였지만, 아마 멸망 전부터 서서히 고려로 유입해 오는 발해 유민이 있었고 멸망 후 대거 유이민 집단이 고려로 들어왔을 것으로 보인다. 대광현의 망명 시기 관련해서는 사서별로 다르게 기록하고 있다.

> 발해 세자 대광현이 수만의 무리를 거느리고 투항해 오자 왕 계라는 이름을 내려 주고, 종실의 족보에 올렸다. 또 특별히 원보 벼슬을 주어 백주를 지키면서 집안 제사를 지내게 했다. 따라 온 막료에게는 벼슬을 주고, 군사에게는 토지와 집을 차 등 있게 내려 주었다.
>
> ─《고려사》권2, 세가2, 태조2, 태조 17년(934년)

《고려사》의 기록에 따르면, 대광현의 망명 시점이 934년으로 기록 되어 있으며 고창 전투 이후의 일이다. 반면《고려사절요》는 925년 즉 발해 멸망 일 년 전의 일로 기록하고 있다.

> (발해는) 우리 국경과 인접하여 있었는데, 거란과는 대대로 원수지간이었다. (중략) 발해국의 세자 대광현과 장군 신덕, 예부경 대화균, 균로사정 대원균, 공부경 대복예, 좌우위장군 대심리, 소장 모두간, 검교 개국남 박어, 공부경 오흥 등이 그 남은 사람을 거느리고 전후로 수만 호가 도망을 왔다. 왕은

이들을 매우 후하게 대접하며, 대광현에게는 왕계라는 성명
을 내려 주고 종실의 적籍에 붙여서 그 선대의 제사를 받들게
하고, 요좌들에게는 모두 작을 내려 주었다.

－《고려사절요》제1권, 태조 신성대왕, 을유 8년(925년)

또 하나《동국통감》은 발해가 멸망하던 해인 926년의 일로 기록한
다.《고려사절요》의 925년이나《동국통감》의 926년이나 공산 전투에
서 왕건이 패배하기 이전이다. 시점에 대해선 통합된 바가 없지만, 주
목해야 하는 건 왕건의 외국 망명 집단 수용 그 자체이다.

같은 한국사의 나라끼리 상부상조가 당연해 보이긴 하지만, 아직까
지는 한민족이라는 민족의식이 형성되기 이전이었다. 더군다나 발해
는 옛 고구려 영토의 북부 지방에 해당하였기에 이미 신라에서 파생된
고려와는 문화권의 차이가 컸다.

엄밀히 말하자면, 고려는 그 어렵다는 대규모 망명 난민을 모두 받
아 주었다. 망명 난민을 받아 주는 일은 예나 지금이나 매우 민감한 사
안이다. 내부 반발 세력도 많고 그들을 정착시키는 정책도 단순하지
않기 때문이다. 그러나 왕건은 같이 고구려를 계승한 국가였음을 내세
우며 대광현을 포함한 발해 유민을 적극적으로 수용했다.

역사서에는 명시되지 않았지만, 외부 망명 집단의 수용에 대해선
내부적 반발심이 심할 수밖에 없다. 그러나 결과론적으로 봤을 때 왕
건의 개방적인 포용 정책은 종국에 고려에 큰 이익이 되었고, 후삼국

통일의 밑거름이 되었다. 순간적으로 발동되는 거부감은 일시적일 뿐 장기적인 관점에선 개방적인 자세가 조직과 국가를 위해 더없이 필요하다는 역사적 사례로 해석된다.

왕건에게 예상치 못한 거대한 행운이 한 가지 더 찾아오는데, 바로 후백제에서 일어난 일 때문이다.

연이은 패전에 지쳐버린 노장의 견훤은 935년 넷째아들에게 양위를 선언하고 자진 퇴위했다. 그러나 왕위 계승에 불만을 품은 견훤의 첫째아들 견신검이 쿠데타를 일으켜 동생을 죽이고, 아버지 견훤을 금산사라는 절에 유폐시켰다.

이대로 굴욕스러운 마지막을 참을 수 없던 견훤은 늙은 몸을 이끌고 금산사를 탈출해 나주로 도망쳐 고려에 망명을 요청했다. 때마침 나주를 차지하고 있던 유금필은 견훤을 개경으로 인솔했고, 왕건은 견훤을 크게 환영하며 왕족의 예로 대우했다.

> 견훤이 도착하자 (태조 왕건은) 그를 상보尙父라 존칭하고 남궁을 객관으로 제공했다. 백관 중에 으뜸가는 지위를 부여하고 양주를 식읍으로 내려 주었으며 금과 비단 및 노비 각 마흔 명과 왕의 말 열 필을 주었다.
>
> -《고려사》권2, 세가2, 태조2, 태조 18년(935년)

왕건이 적국의 왕이었던 견훤의 망명까지 받아 주자 신라에서도 국론이 일렁였다. 신라는 이제 고려나 후백제를 부정할 힘이 남아 있질 못했다. 더 이상의 통일신라는 존재할 수가 없었다. 신라의 마지막 왕 경순왕은 화백회의에 고려의 왕건에게 귀의하는 안건을 넘겼다.

천년이나 이어진 유구한 역사의 국가를 하루아침에 끝낸다니, 경순왕의 아들인 태자를 포함해 반대하는 신하도 있었지만 경순왕은,

"고립되고 위태로움이 이와 같아서 나라를 보전할 수 없다. 이미 강하지도 못하고 또 약하지도 않아 무고한 백성의 간과 뇌가 길에 떨어지게 하는 것은 내가 차마 할 수 없는 일이다."

라며 고려 귀순 문제를 심각하게 거론했다. 화백회의 결과 다수결의 원칙으로 고려로 귀순하기로 하였다.

화백회의는 천 년간 단 한 번의 예외 없이 참석 귀족의 만장일치제를 원칙으로 하였다. 딱 한 번의 예외가 마지막 화백회의로 회의 안건은 '신라 멸망'이었다. 신라의 귀순이 정해지자 경순왕은 왕건이 있는 개경까지 찾아갔고, 왕건은 손수 개경 교외 지역까지 마중 나가 경순왕을 극진히 대접했다.

왕건은 자기 딸과 경순왕을 혼인시켰고 '신라'라는 국명을 유지할순 없지만, 대신 수도 서라벌을 '경주'라는 이름으로 바꾸어 주며 신라 왕실을 우대하기로 하였다.

935년 신라마저 고려로 흡수되었다. 신라 경순왕의 귀순을 두고 나라를 홀라당 넘겨버린 무능한 군주로 인식할 수도 있다. 그러나《삼국

사기》의 저자 김부식은 경순왕에 대해 이렇게 평가했다.

> 경순왕이 태조에게 귀의한 것은 비록 부득이한 일이기는 하
> 지만 또한 가상한 일이었다. 만약 죽기를 다하여 태조의 군사
> 와 싸워서 힘이 다하고 형세가 곤궁하여졌다면, 그의 일족은
> 분명히 멸망하고 무고한 백성에게도 해가 미쳤을 것이다. 그
> 러나 명령을 기다리지 않고 나라의 창고를 봉하고, 군현을 기
> 록하여 태조에게 귀의하였으니, 그가 우리 조정에 세운 공로
> 와 백성에게 입힌 은덕이 매우 크다고 할 것이다.
>
> ─《삼국사기》제12권 신라본기 경순왕

이제 남은 건 견신검의 후백제였다. 고려의 왕건도 후백제의 견신
검도 최후의 일전을 준비했다. 936년 후삼국 전쟁의 마지막 전투는 경
북 구미에서 벌어진 일리천 전투였다. 고려 측 병력 도합 10만, 선봉장
은 왕건의 장남 왕무였다. 어느덧 그의 나이 20대 중반이었다.

견신검은 아버지 견훤에 비해 결코 왕건의 적수가 되지 못했다. 왕
건의 대승이었다. 후백제의 여러 장수가 전사했고 왕 견신검은 수도
전주로 도망가던 중 논산에서 고립되자 항복해 버리면서 후백제는 공
식적으로 멸망하였다.

일리천 전투의 고려군 편제는 이전과는 양상이 몹시 달랐다. 단순
히 고려군만 존재하지 않았다. 유금필이 데려온 말갈족, 돌궐족, 철륵

기병 1만 기의 혼성부대와 견훤이 이끌던 부대도 있었다.

견훤이 지휘하던 부대의 활약상은 구체적으로 전해지지 않지만 후백제 내 견훤을 따르던 호족이 대거 견훤을 따라 왕건을 지지하며 후백제의 심각한 손실이 발생하고 말았다. 따라서 후삼국 전쟁의 대미를 장식한 일리천 전투는 그간 왕건이 추구해 온 개방적인 다민족 융합정책의 빛을 발하는 순간이었다.

왕건은 후백제의 수도 전주에 입성한 후 백성은 아무런 죄가 없다며 어떠한 약탈도 금지하였다. 기타 후백제가 장악하고 있던 전라도 지역에서도 순천의 대호족이었던 박영규를 포함해 친견훤의 전라도 호족이 그대로 왕건에게 귀순하였다.

936년 드디어 왕건은 삼한을 재통일해 내었다. 왕건은 통일의 위대한 업적을 기리기 위해 후백제의 견신검이 투항했던 논산에 '개태사'라는 절을 창건하여 통일의 승리를 기념하였다. 이제 왕건에게는 새로운 과제가 남아 있었는데, 영토라는 물리적 통합이 아닌 사회적 통합이었다.

왕건과 호족

왕건의 후삼국 통일은 비단 신라, 후백제만을 통합하는 협소한 의미가 아니었다. 신라 하대 이후 팽배해진 지방 분권적 성향에 따라 각종 지방에서 흥기한 전국의 호족을 하나의 국가로 통합하는 광의적인 의

미였다.

왕건은 호족의 지지가 없었다면 후삼국 통일은 불가능한 과제였다. 이제 공공의 적이 사라진 시점에서 왕건은 호족이 다시 고려를 이탈하지 않도록 호족의 통합과 더 나아가 사회적 통합을 추구할 필요가 있었다. 새로운 시대에 걸맞은 새로운 국정운영이 요구되었다.

거창한 사회통합에 앞서 우선은 전국의 대호족이 충성하도록, 고려의 주축이 되도록 나라의 주인의식을 심어 주었다.

왕건의 첫 번째 호족 회유책은 사성 정책이었다. 사성賜姓이란 성을 준다는 뜻으로 유력 호족에게 왕실 성씨인 '왕씨' 성을 하사하는 정책이다. 왕건은 강릉의 대호족이었던 김순식에게 왕씨 성을 사성한 기록이 있는데, 같은 친인척 관계를 맺어 호족과 왕실의 단결을 목표로 하였다.

왕씨 성을 하사한 사성 정책뿐만 아니라 각 호족의 기득권을 부분적으로 인정한다는 의미에서 본관 제도를 시행했다. 본관 제도가 보편화되는 데는 더 오랜 시간이 걸렸지만, 오늘날 성씨 앞에 지명의 본관을 따지는 관례가 왕건 때부터 시작한 문화다. 그런 점에서 한국 성씨의 역사에서 왕건의 호족 회유책이 큰 기여를 하였다. 이전까지 성씨는 지배층의, 그중에서도 소수 지배층의 전유물이었다.

왕건 때 대폭적인 사성 정책과 본관 제도로 인해 피지배층까지 전부 퍼지진 않았지만, 지배층 대다수가 성씨를 중요시했다. 왕건조차

도 왕으로 등극하기 전까진 성씨가 없거나 있어도 쓰지 않았다. '왕씨' 성은 왕건 대에 처음으로 시작하였으며, 왕씨를 정하고 나서야 자신의 아버지에게도 '왕릉'이라는 새로운 이름을 붙여 주었다.

왕건의 두 번째 호족 회유책은 혼인 정책이었다. 호족의 딸을 왕비와 후궁으로 받아들여 왕실과 외척을 맺자는 의도였다. 대호족이기만 하면 혼인 정책을 진행하였다. 그러다 보니 왕건의 아내만 공식적으로 29명에 이르렀다. 공식적인 수치로만 따졌을 때 우리나라 역사상 가장 아내가 많던 왕이 왕건이다. 아들은 25명, 딸은 9명이었다.

왕건의 세 번째 호족 회유책은 사심관 제도였다. 사심관이란 각 지역의 총책임자 겸 특수지방관의 개념으로 당연하게도 해당지의 호족을 임명하여 그들의 세력권을 보장해 주고자 하였다. 대표적인 사례가 신라의 마지막 왕 경순왕이었다. 경순왕의 귀순으로 신라는 '경주'가 되었고 경순왕은 신라의 왕이 아닌 '경주의 사심관'에 임명되었다. 경순왕을 비롯해 왕건은 여러 공신을 각기 자기 출신 지역의 사심관으로 임명하였다.

왕건의 네 번째 호족 회유책은 역분전의 지급이었다. 역분전은 고려 건국과 후삼국 통일의 과정에 있어서 복무한 관료나 군인, 호족에게 하사한 토지이다. 공신에게 토지 포상으로 공을 치하한다는 의미인 동시에 후백제의 영토와 신라의 영토까지 모두 다스려야 하는 고려 조정에서 내놓은 토지 제도였다.

역분전에 관해선 자세한 기록이 전해지지 않고 있어 구체적인 제도의 내용을 알 수는 없지만, 가장 민감한 토지 소유 문제를 해결하기 위한 일시적인 정책인 것으로 보인다.

왕건은 여러 방면에서 호족의 편의를 봐 주었다. 그러나 지나칠 정도로 호족의 기득권을 확보한다면 왕권이 약화될 우려가 있었다. 왕권과 호족 사이 힘의 균형이 맞춰져야 했기에 왕건은 호족에 대한 견제책도 마련했는데, 바로 기인 제도였다.

지방 호족의 자제를 뽑아 일정 기간 수도 개경에 머무르게 하였다. 명분은 호족의 자제를 통해 출신지에 대한 자문을 듣기 위함이었다고 하지만, 호족의 자제를 수도에 마치 볼모처럼 데리고 있어 호족의 반란을 억제하는 것이 실질적인 목적이었다.

〈훈요십조〉

왕건은 통일 이후에도 쉬는 법이 없었다. 고려는 고구려를 계승한 국가로 왕건은 언제나 옛 고구려 영토를 회복해야 한다고 거듭 강조했다. 발해마저 멸망한 시점에서 정통성도 고려에 있었다. 왕건은 후삼국 통일 후 이제는 옛 고구려의 영토까지 확장하자며 북진정책을 펼쳤다.

옛 고구려의 수도인 평양을 북진정책의 전진기지로 삼아《삼국사기》의 기록대로 고구려 멸망 후 '잡초만 무성하던' 평양이 대도시로 성장하였다. 발해 멸망 후 한반도 북부는 공백의 상태였다.

평양을 기점으로 그 위로 왕건은 군대와 행정 관료를 파견하며 도시를 개발하고 성을 보수하는 등 확실한 고려의 영토로 편입시켰다. 그 결과 왕건 말년 고려의 북방 국경선이 서쪽으로는 청천강에, 동쪽으로는 함경도 영흥만까지 확장되었다.

포용의 미학을 보여 주며 사회통합의 민족의식을 고취했던 왕건은 943년 사망하였다. 왕건은 후삼국을 통일한 직후 936년 신하들이 지킬 예절과 도리를 가르치기 위해 《정계》 한 권과 《계백료서》 여덟 편을 지어 반포했다고 한다. 하지만 두 책은 오늘날에 전해지지 않는다.

대신 왕건이 사망 직전 후대의 고려 왕이 반드시 지켜야 하는 10가지 유훈 〈훈요십조〉를 남긴 것이 전해지고 있다. 〈훈요십조〉는 고려의 건국 이념을 파악할 수 있으며 내용은 다음과 같다.

> **제1조** 고려의 대업은 여러 부처께서 지켜 주시는 힘에 바탕을 두고 있다. 그러므로 선종과 교종의 사원을 만들고 사람을 보내 살면서 지키게 하고, 향불을 피우고 불도를 닦게 하여 각기 그 대업을 다스리게끔 하였으니, 훗날 간신이 정권을 잡아 돌아가며 중들의 청탁 등을 통해 사원을 계승하면서 서로 주고받고 빼앗는 싸움을 벌이는 것을 단연코 금지해야 한다.

제2조 모든 사원은 도선道詵이 산과 물의 순역을 헤아려 살펴 보고서는 시작했다. 도선이 말하기를 '자세히 살펴서 정한 이외에 함부로 더 창건한다면 척박한 지덕을 손상시켜 임금이 나라를 다스리는 일이 오래가지 못한다'고 하였으니, 후세의 왕·공후·후비·조정의 신하가 각기 원당이라 말하면서 행여나 더 창건한다면 크게 근심스러울 것이다. 신라 말기에 부도를 앞다투어 짓다가 지덕을 손상시켜 내부에서 망하였으니 항상 경계하도록 해야 한다.

제3조 적자와 적손에게 나라를 전하고 집안을 전하는 것이 비록 평상시의 예법이라고들 말하지만, 단주가 못나고 어리석었으므로 요는 순에게 물려주었으니, 실로 공정한 마음이라 생각한다. 무릇 맏아들이 못나거든 그다음 아들에게 주고, 다음 아들들이 모두 못나거든 그 형제 중에서 뭇 신하들이 추대하는 자에게 주어 대통을 계승하게 하라.

제4조 우리 동방東方은 옛날부터 당나라의 풍속을 흠모하여 문물과 예악이 다 그 제도를 따랐으나, 지역이 다르고 인성도 각기 다르므로 꼭 똑같이 할 필요는 없다. 거란은 짐승과 같은 나라로 풍속이 같지 않고 말도 다르니 의관 제도를 본받지 말라.

제5조 짐은 삼한 산천의 드러나지 않는 도움을 받아 대업을 성취하였다. 서경(평양)은 수덕이 순조로워 우리나라 지맥의 근본이 되니, 사중마다 행차하여 백일이 지나도록 머물러 나라의 안녕을 이루도록 하라.

제6조 연등은 부처님을 섬기는 것이고, 팔관은 '하늘의 신령'과 '오악 명산과 큰 강의 용신'을 섬기는 것이다. 훗날 간신이 더하거나 줄이자고 건의하는 자가 있으면 단연코 금지해야 한다. 나 역시 애당초 마음에 맹세하기를, 연등회와 팔관회는 나라의 제삿날을 범하지 않으며 임금과 신하가 함께 즐기기로 하였으니, 공경히 이를 따라 행해야 한다.

제7조 임금이 신하와 백성의 마음을 얻는 것은 매우 어려운 것이다. 그 마음을 얻고자 한다면 요컨대 간하는 말을 따르고 참소를 멀리하는 것에 있을 따름이니, 간하는 말을 따르면 성스럽게 되고, 참소는 꿀과 같으나 믿지 않으면 저절로 그치게 된다. 또한 백성을 시기에 맞추어 부리고 부역을 가볍게 하며, 납세를 적게 해 주고 농사의 어려움을 알면, 저절로 민심을 얻어 나라가 부유하고 백성이 편안해질 것이다. 옛사람이 말하기를, '향기로운 미끼가 있는 곳에는 반드시 물고기가 매달려 있고, 상을 중하게 주는 곳에는 반드시 훌륭한 장수

가 있으며, 활을 당기는 앞에는 반드시 새들이 피해 가고, 사랑을 베푸는 곳에는 반드시 선량한 백성이 있다'고 하였으니, 상벌이 들어맞으면 음양이 순조로울 것이다.

제8조 차현 이남 공주 강 바깥은 산의 형태와 땅의 기세가 등지고 거슬러서 인심 역시 그러하다. 그 밑에 있는 주와 군현의 사람들이 조정에 들어와 종친이나 외척과 혼인하여 국정을 잡게 되면 혹여 국가의 변란을 일으킬 수도, 혹여 통합 당한 원한으로 임금을 시해하려는 난을 일으키기도 할 것이다. 또 과거 관청에 예속된 노비와 진과 역의 잡척들이 권세가에 아부해 신분을 바꾸거나 요역을 면제받기도 할 것이며, 종실이나 궁원에 빌붙어 간교한 말로 권세를 농락하고 정사를 문란케 하여 재앙을 일으키는 자가 반드시 있을 것이다. 비록 그가 양민이라 하더라도 관직에 올려 일을 맡겨서는 안 될 것이다.

제9조 여러 제후와 뭇 관료의 녹봉은 나라의 크기에 따라 이미 제도가 정해져 있으니 늘이거나 줄여서는 안 된다. 또 고전에 '공로에 따라 녹봉을 규정하고, 관직과 작위는 사사로운 정으로 하지 않는다'고 하였으니, 만약 공이 없는 사람인데도 친척이나 사적으로 친분 있는 사람들이 헛되이 하늘의 녹봉

을 받게 된다면, 아래로는 백성의 원망과 비방이 그치지 않고 또한 복된 녹봉을 길게 누리지 못할 것이니 단연코 경계해야 한다. 또 강하고 악한 나라가 이웃하고 있으니 편안한 때에도 위태로움을 잊지 말아야 한다. 병졸은 더 보살피고 도와줘서 이를 헤아려서 부역을 덜어 주어야 하며 매년 가을에는 용맹 하면서 민첩함이 뛰어난 자들을 가려내어 즉시 벼슬을 올려 주어야 한다.

제10조 나라가 있고 집안이 있으면 '근심이 없는 것'을 경계 하여야 하니 널리 경전과 역사서를 보게 하여 옛것을 거울삼 아 오늘날을 경계하라. 성인 주공周公께서도 〈무일편〉 한 편을 성왕成王에게 올려 경계하도록 하였으니, 마땅히 그림을 벽에 걸어서 출입 시에 보고 반성하게 해야 한다.

10가지 유훈에서 선정에 대한 중요성 역설, 불교 국가로서의 정체 성 유지, 문란해질 수 있는 제도적 타락의 경계, 풍수지리설의 개념 설 파, 고구려 계승 의식 등을 확인해 볼 수 있다. 논란의 여지가 되는 대 목은 차현 이남 공주 강 바깥 지역의 사람들을 차별하는 제8조이다.

오늘날 지역 갈등으로 악용되기도 하는 제8조는 현재 시점의 정치 적 해석이 많이 가미된 터라 위작이라는 논란도 있다. 위작일 가능성 은 현격히 적으나 오도되고 있는 것만은 분명하다. 차현 이남 공주 강

바깥 지역이 어느 곳을 가리키는가가 쟁점인데, 기존까지는 후백제의 영토였던 전라도로 이해하였다. 오래도록 후백제와 격전을 벌인 왕건이기에 후백제 유민에 대한 원한의 표출이라는 것이다.

그러나 왕건의 일관적인 포용 정책을 고려했을 때 왕건은 그 정도로 유치한 군주로 보이지 않는다. 차현 즉 차령산맥 이남에는 전라도만 있지 않고 충청도도 있다. 차현 이남 공주 강 바깥은 청주 지역으로 추정된다.

아직 왕건이 궁예를 축출하기 전 궁예는 왕건을 포함한 패서 호족을 견제하기 위해 청주 호족을 등용하는 등 청주에 대한 각별한 애착을 보였다. 왕건이 궁예를 내쫓지 않았더라면 패서 호족과 청주 호족은 정치적 적대 세력으로 경쟁하였을 것이다. 따라서 왕건은 다른 지역이라면 몰라도 궁예의 잔존지였던 청주를 마냥 우대할 수는 없었다.

고려가 어떤 나라였느냐고 묻는다면 〈훈요십조〉를 소개하고 싶을 정도로, 〈훈요십조〉는 상징적이다. 10가지 유훈 전부 한 문장으로 요약한다면 이렇게 말할 수 있다.

"가장 근본은 백성이니 그 어떠한 행위로라도 백성의 삶을 파괴하거나 파괴할 수 있는 여지를 두어서는 안 된다."

〈훈요십조〉는 백성을 가장 우선시하는 민본주의라는 정치 사상적 의의에도 주목해야 한다. 그렇다면 과연 후대의 고려 왕들은 얼마나 〈훈요십조〉를 지켜 나갔을까? 이제부터 본격적으로 펼쳐질 고려의 역

사를 살필 때 이 점을 유념하는 것도 고려사를 바라보는 하나의 방법론이 될 것이다 사회적 통합은 단시간에 이루어질 수 없는 법이다. 태조 왕건은 고려 통합의 토대를 마련해 두었지만 그 부작용이나 해결 짓지 못한 폐단이 태조 왕건 사후 불거졌다. 오랜 시간이 걸리는 사회적 통합은 때때로 과격한 피바람으로 훨씬 앞당겨지는 경우가 있다. 고려의 4대 왕 광종이 그러했다. 다만 그 방식의 인간성과 도덕성을 두고 비판의 칼을 피해 갈 수는 없다. 광종은 고려 초기에 왕권 강화라는 큰 성과를 내기도 했지만, 또 쉽게 헤어 나올 수 없는 충격의 후유증을 남겼다. 피바람을 수반하는 개혁은 어디까지 평가를 받을 수 있는지 광종의 치세는 여러 딜레마를 우리에게 건넨다.

2

광종,
유혈낭자의 통합

강한 자만이 살아남는 왕위 쟁탈전

왕건은 사성 정책과 혼인 정책으로 호족과 친인척이 되어 호족의 반란 가능성을 최소화하고 고려 사회의 일원으로 통합시키긴 했지만, 왕건 사후에는 오히려 정통성을 갖춘 왕자가 너무 많아 그들끼리의 쟁탈전으로 이어지는 부작용을 초래하기도 하였다.

943년 왕건 사후 그의 장남이었던 왕무가 고려의 2대 왕 혜종으로 등극했다. 왕건이 나주공방전을 한창 진행할 때 나주에서 만났던 여인 사이에서 낳은 그 왕무였다.

왕무의 외가 집안이자 어머니인 장화왕후는 나주에서 소금상으로 호족이 된 오다련의 딸로 기록되어 있으면서 동시에 '미약한 가문'이라고 묘사되고 있다. 두 기록의 가운데 합의점을 찾는다면 오씨 집안은 나주의 호족이지만 위세가 크지 않은 중소 호족이었을 것이다.

왕무는 어릴 적부터 아버지를 따라 후삼국 전쟁에 참전하며 마지막 전투였던 일리천 전투에서는 선봉장을 맡을 남다른 이력을 갖추고 있었다. 하지만 왕무의 외가 집안 힘이 매우 약했기에 왕무는 장남이라는 이유 하나 때문에 왕으로 등극할 수 있었고, 이는 혜종의 치명적인 약점이 되었다.

왕건의 다른 아내들은 하나 같이 대호족 출신의 여인이었다. 그 아들들 즉 혜종의 이복동생들은 혜종의 등극에 불만을 가득 품고 있었다. 왕건도 혜종의 왕위를 우려해서인지 사망 직전 개국공신 중 한 명이었던 박술희에게 혜종을 특별히 부탁했다.

박술희는 충남 당진 출신의 호족으로 궁예를 모시다가 왕건 쪽으로 붙었으며, 이후론 왕건의 전폭적인 총애를 받았다. 왕건이 〈훈요십조〉를 건넨 사람도 박술희였으며, 박술희는 왕건과의 신뢰에 보답하고자 혜종의 보호자가 되어 주었다.

혜종의 왕위를 가장 노리던 왕자들은 왕건의 세 번째 왕비인 신명왕후의 두 아들 왕요와 왕소였다. 신명왕후는 충주의 대호족 유긍달의 딸로, 왕요와 왕소 왕자는 각각 왕건의 차남과 삼남이었다. 외가의 힘은 압도적으로 왕요·왕소가 컸기 때문에 혜종만 아니었으면 왕요가 장남이 되었을 것이고, 2대 왕으로 등극할 수 있었다.

고려 혜종에게는 박술희와 더불어 왕규라는 보호자도 있었다. 왕규는 고려 왕실 사람은 아니고 경기도 광주 출신의 호족으로 원래 함씨였으나, 왕건의 사성 정책으로 왕씨 성을 하사받았다. 왕규는 혜종의 장인어른이기도 했다.

왕규와 박술희는 같이 힘을 합하여 혜종을 지켜야 했지만, 두 사람의 사이가 좋지 못했다. 심지어 박술희는 왕규가 자신을 해할까 봐 항상 호위병 100여 명을 거느리고 있었다. 왕규는 왕요·왕소 왕자를 경계하며 혜종에게 두 사람을 반드시 제거해야 한다고 간청했으나, 혜종은 오히려 자기 딸과 왕소 왕자를 혼인시켰다.

아마 혜종 나름에서는 왕요·왕소 왕자를 이간질하고 혹시 모를 반란을 억제하려는 의도였던 듯하다. 혜종이 제 뜻대로 움직여 주지 않자 왕규는 다른 마음을 품었다. 혜종도 왕요·왕소 왕자도 아닌 아예 새로운 다른 왕자를 왕위에 옹립하려는 역심을 계획했다.

때마침 혜종의 건강이 점차 악화하여 갔다. 왕규는 먼저 혜종의 무조건적 편이 되어 주는 박술희를 제거하고자 박술희를 모함해 유배를 보냈다.

결국 왕규는 혜종을 시해하기 위해 자객을 보내는데 어찌 된 내막인지 혜종은 자객 정보를 미리 알고 숨어 있었다. 왕이 숨어 있는지 모르고 자객이 칼로 이불을 난도질하자 숨어 있던 혜종이 나타나 맨주먹으로 자객을 때려눕혔다고 한다. 자객을 제압한 혜종이지만 구태여 그

배후를 찾아내진 않았다. 찾아내 봤자 혜종이 할 수 있는 일이 없었기 때문이다.

이런 일련의 일들에 대한 스트레스 때문인지 혜종의 몸은 눈에 띄게 나빠지며 945년 재위 2년 만에 사망했다. 혜종이 죽자 왕규가 반란을 일으켰다. 왕요·왕소 왕자가 '왕규의 난'을 진압하고는 왕규를 처형했다. 그러곤 왕요·왕소 형제 중 형이었던 왕요가 3대 왕 정종으로 즉위했다.

한편 유배 갔던 박술희는 왕규의 난 도중 왕규가 보낸 자객에게 암살되었다. 그러나 왕규가 박술희를 제거한 앞뒤 맥락이 이해되지 않는 부분이 많다. 반란을 일으키는 와중에 왜 군이 박술희를 암살했는지, 혜종이 살아 있을 적에도 박술희가 내쳐진 맥락과 그것을 또 허가해 준 혜종의 행보까지 말이다. 사서에는 박술희를 유배 보내고 암살한 주범이 왕규라고 기록되어 있지만, 실제로는 왕요·왕소 형제가 박술희를 제거했으며 이를 왕규의 소행으로 조작했다고 보고 있다.

945년 즉위한 3대 왕 정종은 왕규의 난을 진압하는 과정에서 왕규와 과거 박술희 일파 정적들을 숙청했다. 그 과정에서 많은 사람이 죽어 정종 자신도 여론이 좋지 않음을 인식했다. 정종은 서경(평양)으로 천도하고자 했다. 그러나 이는 오히려 역효과를 냈는데, 서경 천도를 위해 왕성을 짓는 등 정종이 각종 토목공사를 단행하자 백성이 부역에 동원되며 민심조차 잃어버렸다.

정종은 여론을 수습할 방법을 고민하던 중 뇌우와 폭우를 맞은 적이 있는데, 이때 이후로 몸 상태가 급격하게 안 좋아지더니 949년 사망했다. 정종에게 아들이 있었지만, 너무 어려 친동생 왕소를 불러 후계로 삼았다.

결국은 두 형제가 모두 왕위에 등극한 것이다. 정종에 대한 민심이 어찌나 좋지 않았던지 정종의 사망 소식이 전국에 전해지자 백성이 '뛸 듯이 기뻐했다'고 한다. 정종의 뒤를 이어 949년 보위에 오른 고려의 4대 왕이 바로 광종이었다.

돌격형 개혁 : 노비안검법과 과거 제도

후삼국을 통일한 고려에게 '호족'이란 존재는 심각한 딜레마였다. 신라가 멸망한 이유가 전국적으로 호족이 흥기했고 호족을 통제하지 못했기 때문이다. 반면 고려가 한반도를 재통일할 수 있었던 이유가 호족을 포섭하고 회유하고 이용했기 때문이다. 기존의 통일국가에서 호족은 위협적인 존재지만, 기존체제를 전복시키며 새로운 시대를 준비하는 국가에는 필요한 존재였다.

후삼국 통일을 완료한 고려에 호족은 더 이상 필요한 존재가 아닌 통합에 방해되는 존재였다. 고려의 건국 집단이었던 호족에게 고려는 도움을 받고 있었기에 무슨 수를 쓰든 관리해야만 했다. 왕건은 회유하기를 선택했다. 반란이나 고려 사회의 이탈을 막기 위해 호족의 기득권을 보장하고 심지어는 왕실과의 통혼 정책을 통해 그들을 가족으로 받아 주었다.

그러나 그 부작용은 왕자들 사이의 왕위 계승 쟁탈전으로 나타났다. 왕건의 회유책은 당장의 위험에서만 벗어날 수 있을 뿐 전혀 후대를 위한 길은 아니었다.

왕위 계승 쟁탈전을 통해 왕이 된 광종은 전혀 다른 길을 택했다. 호족을 뿌리째 뽑아 버리기로 한 것이다. 대호족 외가에 힘입어 왕이 된 광종으로선 본인도 똑같은 방식으로 왕권이 위협받을 수 있고 후대에 똑같은 일들이 되풀이될 수 있었다.

광종이 재위할 때까지만 해도 아무도 광종이 후대의 그 '광종'이 되리라 예상하지 못했다. 광종은 처음부터 폭주하지는 않았다. 처음에는 정치적 개혁을 통해 호족의 기득권을 점진적으로 약화해 나갔다. 말하자면 광종은 '돌격형 개혁'으로 싸움을 걸어왔다. 그 첫 시작은 노비안검법이었다.

> 노비를 조사하여 시비를 살펴 분별하도록 명하자, 그 주인을 배반한 노비가 이루 헤아릴 수 없었다.
> -《고려사절요》제2권, 광종 대성대왕, 병진 7년(956년)

956년 광종은 불법적으로 억울하게 노비로 전락한 이들을 조사하여 양민으로 풀어 주었다. 여기서 말하는 노비는 공노비가 아닌 사노비, 즉 호족이 데리고 다니던 노비였다. 신분제 사회에서는 동원할 수 있는 노동력도 경제력의 일부였다. 노비를 양민으로 해방시켜 호족의 경제력 일부를 약화하고자 함이었다.

더불어 노비는 세금을 내지 않는 대상이다. 노비의 수를 줄이고 양민의 수를 늘림으로써 징세의 대상이 대폭 넓어지니 호족의 경제력은 약화하고 국가의 경제력을 높일 수 있는 효과적인 전략이었다. 호족은 노비안검법으로 윗사람을 능멸하는 기풍이 크게 유행하며, 사람이 모두 한탄하고 원망한다고 비판했으나 광종의 뜻은 강경했다.

광종이 노비안검법을 시행한 956년 그해에 사신의 자격으로 고려에 입국한 중국 후주의 쌍기를 후주의 허락을 받고 고려인으로 귀화시켰다. 당시 중국은 5대 10국이라는 분열의 시대를 거치고 있었는데, 광종은 재위 초반부터 그중 가장 정통성을 갖추고 있던 후주와 우호적인 외교 관계 수립에 노력하고 있었다.

쌍기는 사신으로 고려를 방문했다가 병이 나는 바람에 귀국하지 못했는데, 광종의 부탁으로 완전한 고려인이 되었다. 인과 관계가 다소 황당하다 보니 고려 광종과 후주 정부 사이에 밀담이 있었을 것으로 추정되는데, 아니나 다를까 광종에게는 속셈이 있었다.

쌍기의 귀화로부터 2년 뒤 958년 광종은 한국사 최초의 과거 제도를 시행하기로 선언, 쌍기를 한림학사로 임명해 과거 제도를 주관하도록 하였다.

과거 제도는 '과거'라는 시험을 통해 능력 있는 인재를 발탁하는 관리 임용 제도로, 이전까지 그저 '호족'의 가문에서 태어났다는 이유 하나만으로 국가로부터 관직과 벼슬, 재산을 받는 근간을 흔들어 놓는 조치였다.

호족이 아니더라도 권력을 얻고 사회 유력층으로 성장할 수 있는 활로가 열린 것이다. 국가를 운영하는 중앙 정부의 관료는 호족이 아닌 출신이 등용되어 중앙 정부 소속으로 왕에게 충성하고 호족과 대적할 수 있는 집단으로 성장할 수 있었다. 향후 과거 제도가 고려사 전체는 물론 조선시대까지 거의 천년 가까이 이어졌다는 점에서 광종의 과거제 시행은 한국사 최고 명장면 중 하나이다.

고려의 과거 제도는 관료를 발탁하는 문과, 전문직 중인 기술자를 양성하는 잡과, 그리고 공인 승려를 임명하는 승과로 구성되어 있었다. 이때 문과는 다시 제술과와 명경과로 나뉘는데, 제술과는 문예 창작 능력을, 명경과는 유교 경전에 대한 해석과 이해도를 평가하는 과목이었다.

이중에서도 명경과보다 제술과를 더 인정해 주는 분위기로 유추되는데, 광종 때 문과 합격자 비율을 보자면 제술과 합격자는 27명, 명경과 합격자는 6명이었다고 한다.

하지만 고려시대 때의 과거는 조선시대 때의 과거와 완전히 양상이 달랐다. 비록 신분이 아닌 능력에 따라 관료를 육성하겠다는 취지였건만 시간이 흐를수록 과거 제도는 귀족 제도에 이바지하는 장치로 작동했다.

고려시대 시험 감독관을 '지공거'라고 하는데 지공거는 단순 시험 감독뿐 아니라 시험 채점과 합격 여부를 결정지었다. 지공거를 역임하는 일이 평생의 명예였던 만큼 권한이 상당했고, 합격 결정권을 쥐고 있던 지공거는 사적인 관계를 더욱 중요시 여겼다.

지공거를 담당하는 이가 지공거가 되기 전 혹시라도 가르쳤던 제자들이 있었다면 해당 제자를 우선적으로 합격시켜 주었다. 이러니 지공거와 급제자는 좌주座主(스승)와 문생門生(제자)의 관계가 되어 그들끼리의 카르텔을 형성하기에 이르렀다.

그럼에도 한국사 최초로 시행된 과거 제도의 역사적 상징성은 그 의의가 남다르다.

동아시아 중세의 과거 제도와 유럽에서 만들어 낸 근대 고시 제도의 가장 두드러진 차이는 시험 과목에 있다. 문학과 법학이 각기 기본 과목이어서 한쪽은 문학 고시이고 다른 쪽은 법학 고시이다. (중략) 문학과 법학 가운데 어느 것이 나라를 다스리는데 더욱 긴요한가 하는 질문을 제기하면 두말할 필요가 없이 법학이라고 하는 것이 근대의 식견이다. 그러나 동아시아 중세인은 생각이 달랐다. 사람을 알아야 나라를 다스리는데, 사람을 아는 일은 문학에서 가장 잘할 수 있다고 했다. 문학은 삶의 변두리에 있는 장식물이 아니고 사람이 하는 모든 일 가운데 가장 값지다고 하는 주세인 공통의 생각을 동아시아에서 가장 명확하게 나타내 제도화했다. (중략) 실정법과 자연법이라는 용어를 사용해 법학의 측면에서 문제를 다시 논하면, 실정법 위에 자연법이 있다고 여기고, 실정법 전문가를 자연법에 관해 최상의 판단을 내릴 수 있는 문학인이 지도해야 바람직한 사회가 이루어진다고 했다. 철학자가 국가를 통치해야 한다고 한 공상을, 철학자를 문학인으로 바꾸어 실현했다.

-《한국문학통사》(조동일, 지식산업사, 2005)

광종은 쌍기를 초대 지공거로 임명했고 이후 지공거도 한동안은 후주 출신의 귀화인이 도맡았다.

960년 광종은 백관의 공복 색깔을 지정하였다. 원윤 이상은 자주색, 중단경 이상은 붉은색, 도항경 이상은 옅은 붉은색, 소주부 이상은 녹색으로 제정하였다. 원윤, 중단경, 도항경, 소주부 등의 명칭은 아직 고려가 자주적인 관제를 갖추기 이전 궁예의 태봉 때부터 내려오던 위계 구성이었다. 이 명칭은 후대에 개편된다.

자주색 관복을 입은 최고 계층은 중앙 관료와 함께 일부의 지방호족 세력도 포함되어 있었다고 하며, 그 밑으로는 대체로 새롭게 등장한 관료층이었다는 걸 봐서 호족과 대항하는 신진 관료 집단을 성공적으로 육성하고 있다는 증명이 되고 있다.

광종의 공복 제정 이전에는 궁예의 태봉 때부터 관료가 전부 제각각 다른 옷을 입고 입궐했다. 이는 권력과 재산의 위계 차를 고스란히

드러내기 때문에 공복 제정을 통해 오로지 관등의 차만 구분할 뿐 그 외적으로는 왕 밑으로 전부 통일시켰다.

광종은 불교계도 손을 보았다. 신라 사회를 해체하고 지방 분권적인 현상을 촉진시킨 데에는 불교 선종의 역할도 컸다. 통치 이데올로기로서의 교종보다 민중 불교를 지향하는 선종은 지방별로 호족의 지원을 받았고 통합의 이념과는 맞지 않았다. 왕건을 위시한 패서 호족도 전국 선종의 9대 사찰이었던 구산선문 중 황해도 해주 수미산문과의 관계가 돈독했다.

선종은 신라의 멸망과 고려의 통일 과정에서 빠질 수 없는 주연이었지만, 통일을 이룩한 고려에는 반대로 선종보다는 교종을 더 필요로 했다.

왕건의 〈훈요십조〉에 보이듯 선종을 노골적으로 배제할 수가 없어고려 조정은 교·선종을 모두 중요시하는 태도를 보였으나, 광종 대에이르러 교종에 압도적인 정부 차원의 힘을 보탰다.

광종은 교종의 계열인 화엄종의 대가 균여를 발탁했다. 균여는 제자만 3,000명을 거느리던 승려로, 광종마저 균여에게 아홉 번이나 절을 하며 모셨다. 광종은 균여를 통해 교·선종의 통합을 도모했다. 훗날의천대사가 등장하기 이전까지 고려의 불교계는 균여가 발전시켜 놓은 화엄종 주도로 전개되었다.

균여는 화엄사상 교리의 쉬운 이해를 위해 화엄경에 기초한 향가

11편을 창작했는데, 이를 〈보현십원가〉라고 한다. 11편임에도 '십원가'라고 하는 이유는 향가 자체는 10편이고, 마지막 1편은 균여의 개인 해설을 실었기 때문이다.

오늘날 한국 문학사의 향가는 《삼국유사》에 전해지는 신라시대 14편의 향가와 고려시대 〈보현십원가〉 11편으로, 큰 틀에서 나눌 수가 있다. 균여의 〈보현십원가〉 향가 11편은 문학사적으로도 매우 귀중한 가치를 평가받고 있다.

고려에 부는 피바람

성공적으로 왕권 강화를 끝마친 광종은 '광덕', '준풍' 등 독자적인 연호를 사용하며 스스로 황제를 칭했다. 고려의 수도 개경을 '황도'라고도 불렀다. 광종 재위 중반기부터 중국에서는 송나라의 시대로 접어들었다.

광종은 송나라와도 좋은 외교 관계를 유지하며 송나라와 외교할 때는 황제가 아닌 왕을 칭했다. 대내적으로는 황제를 칭하고, 대외적으로는 왕을 칭하는 체제를 '외왕내제' 체제라고 하며 외왕내제는 조선과는 다른 고려의 기본적인 방침으로 자리 잡는다.

내부적 개혁을 끝마친 광종은 드디어 폭주의 방아쇠를 터뜨렸다. 광종은 극단적인 공포정치를 시작하였다. 광종은 거의 모든 호족을 숙청해 나갔다. 광종은 한 개인을 제거하는 것이 아닌 한 가문의 멸문을 목표로 했다. 저잣거리는 효수된 머리로 가득했고, 살려달라 아우성치는 감옥은 수용 능력이 모자라 임시감옥이 지어졌다. 광종은 친위 세력의 호족들까지 모두 숙청하였다.

왕건의 후삼국 통일 과정에서 기여한 박수경이라는 인물은 《고려사절요》의 기록에 의하면, 고려의 3대 왕 정종의 즉위 초기에 발생한 내란 대부분을 진압했다고 한다. 그는 정종·광종 형제의 지지 호족 중 하나였다는 뜻인데, 광종은 박수경의 세 아들을 모두 하옥시켰고, 박수경은 분함에 사망하였다고 한다.

> 왕이 시기가 날로 심해지니 종족도 몸을 보전하지 못하는 이가 많았으며, 비록 하나뿐인 아들 왕주까지도 의심하여 멀리하고 가까이 오지 못하게 하니, 사람마다 두려워하여 감히 두 사람이 짝지어 이야기하는 이가 없었다.
>
> ―《고려사》권2, 세가2, 광종, 광종 11년(960년)

> 왕이 참소를 믿어 사람을 많이 죽였으므로 마음속으로 의심과 두려움을 하여 죄업을 제거하고자 재회齋會를 널리 베푸니, 무뢰배가 거짓으로 중이 되어 배불리 먹기를 구하고, 구걸하는 자가 모여들어 먹을 것을 찾으며, 더러 떡·미두米豆·땔나무 등을 서울과 지방의 길 가는 사람에게 주기도 하는데 이루 헤아릴 수 없었다.

종친과 귀족이라고 사정을 두지 않았고, 항상 세력이 강한 자를 눌렀습니다. (중략) 또 말년에는 죄 없는 사람을 많이 죽였습니다. 저의 생각으로는 만약 광종이 항상 삼가고 검소한 뜻을 마음에 새겨 비용을 절감하며 처음과 같이 정사에 부지런히 힘썼더라면, 어찌 그의 복록과 수명이 길지 못하여 명이 겨우 쉰에 그쳤겠습니까? 그가 마무리를 잘하지 못했던 일은 참으로 애석합니다. 더구나 경신년부터 을해년까지 16년간 간악하고 흉악한 무리가 앞을 다투어 진출하면서 참소하여 헐뜯음이 크게 일어나 군자는 몸을 둘 곳이 없었고 소인만 뜻을 얻었습니다. 마침내 자식이 부모를 거스르고 종이 그의 주인을 비난 공격하니 윗사람과 아랫사람이 마음을 달리하고 임금과 신하의 몸이 하나가 되지 못했습니다. 오래된 신하와 경험 많은 장수는 차례로 죽임을 당했고 가까운 친인척은 모두 죽어 갔습니다. 더욱이 혜종이 형제를 온전히 할 수 있던 것과 정종이 나라를 잘 지킬 수 있었던 것은 그 은혜와 의리가 두텁다고 말할 수 있습니다. 그들 두 임금의 조정에는 오직 외아들만이 있었는데, 광종이 그들의 생명을 보존해 주지 않았으니, 그들의 덕을 갚지 않은 것일 뿐만 아니라 곧 다시 그들의 원한을 깊게 맺게 한 것입니다. 또 말년에는 자기의 외아들에 대해서까지 의혹과 시기를 품었습니다.

－《고려사》 권93, 열전6, 최승로 열전

광종은 비단 호족만을 숙청하지 않고 왕권에 위협되는 왕족마저 참
살했다. 아버지 왕건의 혼인 정책으로 태어난 아들들이 큰 피해를 봤
으며, 설령 그 외가가 대호족이거나 공신 집안이어도 화를 피하지 못했
다. 아니 오히려 외가의 힘이 거대할수록 제거 대상자 1순위가 되었다.

2대 왕 혜종의 친가도 살육당했으며 심지어는 친형인 3대 왕 정종
의 아들조차 죽음을 피하지 못했다. 친아들에게도 위협을 할 정도였
다. 친아들이 살아남은 이유는 후계를 이어야 한다는 이유 하나였다.
아들조차 죽음의 두려움 속에 벌벌 떨어야 했다.

광종의 무자비한 호족 숙청으로 40여 명의 호족만이 살아남았다고
한다. 고려 초기 시점의 호족은 어떤 식으로든지 통합을 위해 관리되
어야만 했다. 가장 이상적인 방법은 행정적으로 그리고 체제적으로 고
려 사회로 통합시키는 쪽이었다. 그러나 이 방법은 오랜 시간이 걸릴
수밖에 없다.

광종은 개혁을 통한 왕권을 확립한 뒤 무자비한 방식으로 호족을
통합하기보단 멸滅해 버렸다. 그 효과는 매우 강력했다. 다만 그 강도
가 지나칠 정도로 비인간적이었다.

광종의 명과 암은 뚜렷하다. 그래서 더욱 평가하기가 힘들어진다. 광종의 인간성에 대해서는 비난을 할 수 있을지언정 강력한 왕권의 확립과 통일신라 말의 연장선에 있던 고려 전반의 사회를 빠르게 다음 시대로 넘어가도록 가속한 결과는 인정할 수밖에 없다.

노비를 조사하여 시비를 살펴 분별하도록 명하자,
그 주인을 배반한 노비가 이루 헤아릴 수 없었다.

-《고려사절요》제2권, 광종 대성대왕, 병진 7년(956년)

동아시아에서 '성종'이란 묘호는 한 국가가 건국되고 어느 정도 시점이 흘러 국가의 질서가 안전하게 자리잡힌 치세의 왕에게 붙여진다. 1대 태조에서부터 5대 경종에 이르기까지 고려는 이런저런 성공과 실패의 부침을 겪었다. 6대 성종은 고려 초기의 경험을 토대로 체제와 행정을 닦아 비로소 태조 왕건 이래 다양한 방식으로 시행되어 오던 통합이 시스템화되고 고려의 국가 질서가 서서히 자리를 잡아가게 된다.

3

성종,
통합의 시스템화

경종, 아버지의 뒷수습

975년 광종 사후 그의 아들 5대 왕 경종이 즉위했다. 아들 경종은 아버지의 과도한 숙청에 크나큰 환멸을 느끼고 있었다. 본인도 아무 죄 없이 아버지 광종의 의심을 받으며 죽음의 두려움에서 벗어날 수가 없었다.

경종은 아버지와 완전히 다른 길을 가고자 했다. 경종은 즉위하자마자 크게 사면령을 내리고 귀양 갔던 사람과 옥에 갇힌 사람을 모두 풀어 주었다. 세금을 감면해 주었으며 임시 감옥을 헐어 버리니 서울과 지방에서 크게 기뻐하였다고 한다.

경종은 아버지에 대한 반발심 때문인지 모든 정책이 아버지의 유산을 부정하는 방향으로 펼쳤다. 경종이 즉위한 이듬해 976년 경종은 광종 때 참소당해 화를 입었던 사람의 자손들이 사적으로 복수를 행하는 일을 법적으로 보장했다.

이성적으로 이해하기 힘든 법이지만, 그만큼 경종과 고려 조정의 분위기가 그랬다. 광종에게 쌓인 불만이 가득했고 이제야 숨통이 트인 고려 조정은 모든 것을 되돌려 놓으려고 했다. 이미 죽은 수많은 사람을 돌이킬 순 없지만, 사적인 울분을 보상하는 것으로 시작했다.

하지만 법에 사적인 감정이 개입되는 순간 법일 수 없다. 아니나 다를까 이내 '복수법'을 빙자해 함부로 살육과 참소를 거리끼지 않고 억울한 사람들이 나오기 시작했다. 복수법은 다른 방향에서 광종의 숙청 작업과 다를 바 없었다. 숙청에 대한 극도의 트라우마가 있던 경종은 곧바로 복수법을 폐지하였다. 경종이 호족에 대해 우호적이었다는 뜻은 아니다. 그저 아버지 광종이 불러일으킨 피바람을 바로 세우고 싶었을 뿐이었다.

976년 경종은 고려 최초의 정식적인 토지 제도인 전시과를 시행했다. 기존 고려의 토지 제도는 왕건 때 시행한 역분전으로, 역분전은 고려 건국과 후삼국 통일 과정에서 공을 세운 공신에게 하사하는 포상의 개념이었지 국가 정책적인 제도의 영역은 아니었다. 한반도의 새로운 주인이 된 고려는 새로운 시대에 맞는 새로운 토지 제도가 필요했다.

전시과는 '과' 즉 단계에 따라 전지와 시지를 지급해 주는 제도로, '전'지는 토지, '시'지는 임야를 가리킨다. 여기서 수령자에게 하사하는 토지의 권리는 소유권이 아닌 수조권이었다. 소유권은 토지의 주인을 따지는 권리인 반면 수조권은 세금을 징수할 수 있는 권리로 전근대 시대에는 관료에게 국가 복무의 대가로 수조권을 지급했다. 토지의 주인은 토지 생산량 일부를 세금으로 받쳐야 할 의무가 있다.

일반적으로는 세금을 정부에게 납부하는 것이 원칙이나 토지 수조권이 관료, 귀족 혹은 호족에게 있으면 지주는 정부가 아니라 수조권자에게 납부하였다. 정부 대신 세금을 징수할 수 있는 권리가 수조권이었다. 수조권자를 '전주', 세금을 납부해야 하는 주체를 '전객'이라 하여 세금을 주고받는 관계를 '전주전객제'라고 한다.

토지의 소유권자와 수조권자가 같으면 세금을 내지 않아도 된다. 사회적 신분과 정치적 관등이 높을수록 소유권자와 수조권자가 일치하는 경향이 두드러진다. 고위직 귀족일수록 면세 혜택을 받는 귀족이 많으며 이는 훗날 고려 재정의 심각한 문제를 일으킨다.

등급의 구분 기준은 관직의 높낮이가 아닌 인품의 등급이었다. 사람의 인품을 객관적으로 등급화한다는 것은 불가능한 부분임에도 현직 관료는 물론 전직 관료에게도 지급했다. 공정한 원칙에 따라 토지를 배분한다는 목적보다는 '챙겨 준다'는 느낌이 다분하다.

따라서 경종 때 전시과는 제대로 된 정책적 철학 없이 시행된, 오로지 아버지 광종을 부정하기 위한 정책으로 해석할 수밖에 없다. 고려시대의 토지 제도 전시과는 이후 시대를 거치며 다른 형태로 변화한다. 경종 때 처음으로 시행된 전시과를 '시정 전시과'라고 부른다.

경종은 재위 기간이 6년 남짓으로 그다지 길지 않았다. 그중에서 말년은 정치에 염증을 내어 매일 오락을 일삼고 바둑에 빠지거나 주색에 탐닉했다. 6년 기간을 초년과 말년을 나누기도 애매하지만 길지 않은 재위 기간 마지막에 경종이 폭군의 면모를 보인 건 급작스러운 변화라고 보긴 힘들다. 이미 경종은 어린 시절 마음의 문을 닫았고 왕으로 즉위 후 이런저런 시도를 했지만, 개인적으로 심성이 지나치게 여려 트라우마를 모두 감당하기 힘들었을지 모른다.

경종의 사망시점에 경종의 외아들은 지나치게 어려 후사를 이을 수 없었다. 경종은 사촌 동생 개령군을 후계로 정하고 사망했다. 이렇게 개령군이 6대 왕 성종으로 등극했다. 경종과 성종은 그저 사촌 정도의 관계가 아니었다. 둘 사이는 매우 복잡했다. 이 관계에 대해서는 뒤에서 다시 다루겠다.

성종 등극 : 고려의 유교화

981년 고려의 6대 왕으로 등극한 성종은 새로운 정치에 대한 열의와 욕심이 아주 컸다. 그가 원하던 정치는 왕건의 호족 융합정치도, 광종의 호족 숙청정치도, 경종의 호족 보상정치도 아니었다. 성종의 즉위 이듬해 982년 성종은 중앙 관료 5품 이상의 관료에게 밀봉해서 왕에게 올리는 상소문封事(봉사)을 모두 제출하도록 하였다.

이중 가장 눈에 띄던 것은 단언 최승로의 상소문이었다. 최승로의 상소문은 역사에 자신의 이름을 확실하게 각인시킨 걸작이었다. 최승로는 상소문 서문에 군주의 자질과 덕목에 관해 설명한 후 왕건부터 경종에 이르기까지 5명의 왕 치적을 평가하고는 정치개혁안 28가지를 제안했다. 이른바 〈시무 28조〉였다. 28가지 다 다른 말을 하는 듯하지만, 기본전제는 한 단어로 표현할 수 있다. 국가의 '문인화'다.

국가를 문인화하기 위해 제시하는 여러 가지 방법이 28개로 나뉘었는데 몇 가지만 꼽자면, 첫째는 과도한 연등회·팔관회 등 과도한 불교 행사를 억제하는 것이다. 연등회·팔관회는 왕건이 〈훈요십조〉에서도 특별히 강조했던 고려에서 가장 큰 불교 행사였다. 왕건이 워낙 강조를 많이 하다 보니 시간이 지나며 행사의 규모가 커지고 그만큼 국가 재정도 많이 소모되었다. 훗날 부활하긴 하지만 성종은 연등회와 팔관회를 바로 폐지해 버렸다.

둘째 유교식 예법과 학습을 강조했다. 성종은 고려의 공식적인 태묘(종묘)와 사직을 설치하고, 태묘에 군주와 함께 모셔질 대현자의 신위를 모시는 배향공신을 채택하기 시작했다. 성리학의 국가 조선에서는 배향공신이 평생의 최고 권위이자 영예였다. 이러한 배향공신이 성종 때 처음 실행되었으며 최초로 임명된 배향공신으로는 왕건 대의 배현경, 홍유, 복지겸, 유금필, 신숭겸, 혜종 대의 박술희, 김견술과 정종 대의 왕식렴, 광종 대의 유신성, 서필, 경종 대의 최지몽 등 11인이었다.

성종은 태묘와 사직을 통해 유교식 제사 문화를 정착시켰다. 성종은 광종의 다른 정책에 대해선 부정적이었을지언정 과거 제도를 찬양하며 과거제를 더욱 확장하고 진흥시켰다.

재위 11년째였던 992년에는, 중국의 국자감을 본떠와 고려에도 국립 최고 고등교육기관 국자감을 설치하고 국자감의 졸업생이 곧바로 과거 시험을 통해 관료가 될 수 있도록 길을 열어 주었다.

국자감은 유학을 공부하는 유학부와 기술을 터득하는 기술학부로 나뉘어 있었는데, 유학부의 경우 주로 7품 이상 관리의 자제들이 입학했으며, 기술학부의 경우 8품 이하 하급 관리나 서민의 자제들이 입학하였다. 지방에도 충분한 교육의 혜택을 주기 위해 주요 도시 12곳(12목)에 경학박사와 의학박사를 각 1명씩 파견하였다.

근래에 각 주, 군, 현의 자제들을 널리 모아 수도에 와서 학업을 익히게 했더니 과연 바람을 타듯이 부름에 응해 몰려와 학교가 학생들로 넘치게 되었다. 그러나 학생들 대부분 멀리 고향을 떠나 오랜 시간 객지 생활한지라 힘든 공부에 의지가 꺾이고 고향을 그리는 마음은 더욱 깊어지고 있다. (중략) 염려되는 것은, 총명한 재능을 가지고도 제대로 가르칠 스승이 없어 아직 경서 한 권의 뜻도 배우지 못한 채 몇 년의 세월을 허송하는 경우이다. 유망한 인재라 하더라도 헛되이 폐물이 되면 국가에서 인재를 얻을 계책이 없어질 터이다. 이제 경전에 통달하고 서적을 두루 읽은 유자와 온고지신하는 사람을 선발하여 12목牧에 각각 경학박사經學博士 1명과 의학박사醫學博士 1명을 파견한다. 그들이 부지런히 좋은 가르침을 행하고 생도를 잘 교육하면 그 공적의 다소를 헤아려 순번을 뛰어넘어 반드시 관직에 발탁함으로써 그들을 표창할 것이다. 여러 주·군·현의 향리나 평민 가운데 공부를 가르칠 만한 재주 있는 아이가 있으면 선생으로부터 열심히 수업받도록 독려해야 할 것이다.

－《고려사》권3, 세가3, 성종, 성종 6년(987년)

성종은 과거제 출신자를 대단히 우대했다. 과거에 응시하여 관료로 진출한 이들은 과거 신라시대 6두품 집안의 후손이 많았다. 최승로도 마찬가지였다. 최승로는 6두품 집안의 출신이자 최치원의 후손이었다. 어릴 적 신라가 고려로 흡수되면서 개경으로 올라왔는데, 고작 12살의 나이에《논어》를 읽어 왕건이 놀랐다는 일화가 있다.

하지만 최승로가 과거에 응시했다는 기록은 없다. 광종이 과거제를 시행하기 이전부터 이미 관직 생활을 시작했을 수도 있다. 최승로에 대한 또 하나의 충격적인 진실은, 최승로가 분명 국정의 문치주의를 지향하긴 했으나 정작 과거 제도에 대해서는 비판적인 태도를 보였다는 점이다. 과거제에 대한 의견이 성종과 최승로의 유일한 견해차였다.

최승로는 과거 제도를 '아무나 다 볼 수 있다'는 점을 매우 비판적으로 바라봤다. 광종을 유난히도 부정적으로 평가했던 최승로의 단순한 반발심일 수도 있지만, 유학 공부와 관료는 아무나 할 수 있는 것이 아니라고 굳게 믿었다. 오로지 신분적으로 높은 지엄한 존재만이 경전 공부와 관료를 소화해 낼 수 있다고 하여 최승로는 엄격한 신분제적 질서를 강조하며 신분의 고착화와 세습화를 주장했다.

신라시대 신분의 한계로 고통받았던 6두품 집안의 후손이 한 말이니 어리둥절하다. 하긴 최승로 자체는 어려서 신라가 멸망했으니 6두품의 서러움을 느끼고 자라진 못했을 것이다. 그리하여 탄생한 제도가 음서 제도다. 과거제와 대척점에 있는 음서제가 최승로로부터 비롯했다는 점이 충격적이다. 음서란 5품 이상의 고위 관료 자손에게 심지어는 외가와 사위 집안까지도 적용되어 아무런 조건 없이 관료로 등용되는 제도다. 즉 신분과 관직을 세습할 수 있도록 하는 제도다. 과거의 진흥과 음서의 탄생이 성종 재위기에 같이 탄생한 쌍둥이라는 점이 아이러니하기만 하다.

최승로는 과거 광종의 노비안검법마저 부정하고자 노비환천법이라고 양민으로 해방되었던 자를 다시 노비로 신분을 강등시키고 원래 주인에게 돌려주는 법을 시행하기도 하였다. 최승로의 이러한 귀족 지향적 입장은 이후 고려의 문벌 귀족 형성에 직접적인 영향을 주었다.

하지만 최승로가 유교식 문치주의를 표방한 것만은 확실하다. 세 번째 문인화의 방법으로는 중앙 집권화였다. 광종을 거치면서 이제는 옅어진 호족의 존재감 위에서 성종은 관료 집단을 집중적으로 육성했다. 성종은 이들 관료 집단을 중심으로 유교식 이데올로기에 근거하여 국가 체제를 정비하였다. 유교식 이데올로기란 충, 효 등 수직적 관계를 국가 개념으로 확대하고, 행정적, 관료적 시스템을 형성하는 것이다. 성종 대에 비로소 고려의 정치 제도가 틀을 잡았다.

국가 시스템을 이루다

중앙정치조직에 대해선 과거 당나라의 3성 6부제를 본떠와 2성 6부제를 도입했다. 율령 체제를 확립했다고 평가받는 당나라의 중앙정치조직 3성 6부제는 동아시아 중세 국가가 보편적으로 채택했던 중앙정치조직의 규범과도 같았다. 단 각 국가는 실정에 맞게 당나라의 3성 6부제를 변용했는데, 고려도 인구수나 국토 면적 측면에서 굳이 3성이 모두 필요하다고 판단하지 않아 중서문하성과 상서성 2성만 두었다.

중서문하성은 고려의 최고 의결 관청으로 고려 정치의 핵심적인 역할을 담당했다. 중서문하성은 오늘날의 국무총리 격인 '문하시중'이 총괄하였다. 중서문하성 소속의 관원들을 2품 이상은 재신, 3품 이하는 낭사로 구분했다. 중서문하성과 함께 2성을 이루는 상서성은 하위기관으로 6개의 부처 즉 6부를 두었다. 6부는 이부, 병부, 호부, 형부, 예부, 공부 등을 가리킨다.

비록 중서문하성과 상서성을 2성으로 묶어 부르지만, 중서문하성과 동일한 등급의 최고 관청은 중추원이었다. 중추원은 송나라의 관청에서 따온 기구로 중추원의 관원들 역시 2품 이상은 추밀, 3품 이하는 승선으로 구분했다.

국방과 군사 기밀을 담당하는 추밀은 중서문하성의 2품 이상 관료 재신과 함께 국정 최고 회의를 개최하였는데, 이 회의를 중서문하성의 재신과 중추원의 추밀 앞 글자를 따와 '재추회의'라고 한다. 재추회의는 고려 조정의 최고위 관직의 귀족이 개최하는 회의 기구로 고려 내 가장 강력한 정치 사회적 영향력을 행사했다. 오늘날로 굳이 비유하자면 국회에 가까웠다.

재신과 추밀은 중대한 범죄를 저지르지 않는 한 예순아홉(69세)의 정년까지 역임하였다. 명예퇴직의 개념은 있었으나 재상을 함부로 죽이는 일은 거의 없었고, 죽을죄가 아니라면 범죄를 저질러도 좌천되거나 유배된 후 대부분 사면을 통해 명예를 회복했다. 고려는 귀족에 대한 특혜가 상당했던 국가였다.

중추원의 3품 이하를 가리키는 승선은 왕의 비서실 역할을 담당했는데, 왕의 개인 비서실이 독립된 기관도 아니거니와 중추원 2품 이상 귀족의 부하직원으로 소속되어 있다는 점에서 아직 고려는 완전한 중앙집권화의 정치조직은 아니었다는 한계가 있다.

화폐와 곡식의 출납 및 국가의 회계를 담당하는 삼사는 조선시대의

3사와는 전혀 다른 관청이다. 일종의 기획재정부 역할을 하던 6부 가운데 호부와 삼사는 차이가 있었다. 호부는 세수를 조사할 수 있도록 인구수와 토지를 파악하고 관리하는 일을 했다면, 삼사는 국가재정이 쓰이고 나가는 출납을 관리하였다.

어사대는 감찰기구였다. 감찰은 크게 왕의 정책에 반발하는 감찰과 관료의 비리를 감찰하는 기구로 나뉘었다. 어사대는 관료의 비리를 감찰하는 역할이었으며 왕의 정책에 반발하는 감찰의 업무는 중서문하성 3품 이하의 낭사가 담당했다.

중서문하성 3품 이하의 낭사 역시 중서문하성 2품 이상 귀족의 하부 구조로 존재한다는 점에서 고려의 중앙관제는 귀족 중심적으로 운영되었음을 알 수 있다. 삼사와 어사대 모두 송나라의 중앙 관청에서 영향을 받아 운영하였다.

중서문하성과 상서성, 6부, 중추원, 삼사와 어사대까지 모두 중국식 율령 관제를 현지화하여 모방하였지만, 고려만의 독자적인 회의 기구도 존재했다. 비록 임시 기구이긴 했지만, 국방과 군사, 전쟁 관련 업무를 담당하는 도병마사, 그리고 법제와 격식 관련 업무를 논하는 식목도감이라는 두 개의 특별 임시 회의 기구가 있었다.

도병마사와 식목도감 모두 중서문하성의 재신과 중추원의 추밀이 운영하는 귀족 회의 기구였으며 정확한 설치 시점을 알 순 없으나 6대 왕 성종 대에 토대가 닦이고 8대 왕 현종 대에 이르러 자리 잡은 것으로 추정하고 있다.

성종은 궁성과 수도를 방위하는 중앙군을 공식적으로 편제하기도 하였다. 고려의 중앙군 조직을 2군 6위라고 부른다. 응양군과 용호군을 일컫는 2군은 고려 왕 직속의 친위부대였으며, 6위(신호위, 흥위위, 좌우위, 금오위, 천우위, 감문위)는 지역별로 수도 개경과 개경 인근을 방위하였다. 6위는 전시 비상사태에 따라 3군 체제 혹은 5군 체제로 재편되기도 하였다.

그런데 2군 6위 소속 군인들의 운용 방식에 대해서는 두 가지 해석이 상충하고 있다. 먼저 2군 6위 소속 군인은 직업군인으로, 일반적으로 가문 대대로 군인 직업을 세습했으며 이들은 군 복무의 대가로 '군인전'이라는 토지 제도를 받았다는 군반제론이다. 하지만 2군 6위 군인이 전부 직업군인이고 모두에게 군인전이 지급되었더라면 고려 땅은 남아나질 않았을 것이다.

두 번째 해석은 평상시에는 농사 등 생업에 종사하는 농민이 정기적으로 군사훈련을 받거나 전시에 군인으로 동원되었다는 부병제론이다. 2군 6위 소속의 군인을 특수 직업 계층으로 이해하지 않고 일반농민으로 인식하는 주장으로, 농민이기에 군인전을 받지 않은 대신 군역을 수행하는 기간 면세 혜택을 받았다는데, 면세의 혜택도 모든 2군 6위 군인에게 주어졌다는 것 역시 비현실적이다.

《고려사》나 《고려사절요》는 양측의 주장을 모두 뒷받침할 수 있는 기록이 있어 어느 한쪽이라고 확신할 수가 없다. 어느 쪽도 이해가 가지 않는 부분이 있기에 현재는 군반제론과 부병제론 두 가지 운용방식으로 모두 운용된 것이 아닐까 하고 짐작만 하고 있을 뿐이다.

지방제도는 성종이 완성하지 못했다. 부분적으로만 지방행정제도를 수립했는데, 전국의 주요 도시 12군데를 12목으로 선정해 각 목에 '목사'라는 지방관을 파견하고, 국방상 주요 방어 도시 네 군데에는 도호부를 설치한 후 '대도호부사'라는 지방관을 파견하였다.

성종은 지방 행정 제도에 대해서만큼은 조심스러웠다. 광종 대에 호족이 대거 갈려 나갔지만, 지방에서는 여전히 호족이 각자의 세력지에서 영향력을 위시하고 있었기 때문이다. 행여나 강경하게 지방의 호족마저 전부 제거해 버리면 감당하지 못할 후폭풍이 일어날까 봐 우선은 12목과 4도호부 설치에 만족하며 지방의 중소 호족은 '향리'로 편입시켰다. 다만 향리도 호장, 부호장 등 등급화하여 운영하였다.

특정 지방에 대한 이해도는 중앙에서 파견되는 지방관보다 그 지역의 호족이 더 높을 수밖에 없었다. 그래서 성종은 지방의 호족을 그저 제거해 버리기보다는 행정적 실무를 담당하도록 임무를 주었다.

따라서 고려시대의 지방 향리는 조선시대의 향리와는 다르게 사회적 존재감과 입지가 상당히 컸다. 마찬가지로 2군 6위라는 중앙군을 편제했던 성종이었지만, 지방군에 대해서는 별다른 개혁을 감행하지 못했다. 고려 지방 행정 제도와 지방군 편성은 8대 왕 현종이 완수한다.

제1차 고려 vs 거란 전쟁 : 서희의 외교 담판

10세기 동북아시아에는 세 개의 큰 국가가 공존해 있었다. 중국의 송나라, 한국의 고려, 그리고 요동 지역에서부터 몽골 일부 지역까지 아우르며 송나라와 국경을 맞대고 있던 거란족이 세운 요나라다.

요하 지역에서 흥기한 유목 민족을 '동호'라고 통칭하는데, 거란은 동호 계열 유목 민족으로 당나라의 복속을 받다가 당나라가 멸망한 틈을 타 야율아보기가 부족 단위로 흩어져 있던 거란족을 통합하고 916년 스스로를 황제라 칭하며 요나라를 건국했다.

거란은 926년 동북쪽의 발해를 멸망시키고, 936년 중국 북방의 연운 16주를 차지하며 빠르게 성장했다. 중국의 분열을 통일한 송나라는 연운 16주를 탈환하기 위해 요나라와 각축전을 벌이고 있었다.

거란족의 요나라에 대한 고려의 기본적인 외교 방침은 '친송배요'였다. 송나라와 친교하고 요나라를 배척한다는 뜻이다. 요나라는 고려와 함께 고구려를 계승한 발해를 멸망시켰고, 고려 내에는 발해 유민들이 많이 거주하고 있었기에 왕건 이래 고려는 요나라를 적국으로 인식했다.

한번은 요나라가 왕건에게 낙타 50마리를 선물로 보내 주었는데, 왕건은 오랑캐의 선물은 받지 않겠다면서 개경의 '만부교'라는 다리 밑에서 낙타를 모조리 굶겨 죽일 정도로 고려는 요나라에 적대적이었다.

반면 송나라에 대해서는 광종 이래 최초로 고려와 송나라가 수교하며 우호적인 관계를 이어 나가고 있었다. 고려의 친송배요 정책은 요나라에 매우 거슬렸다. 혹시나 고려가 송나라와 편을 먹고 양동으로 요나라를 공격해 온다면 요나라는 감당할 수가 없었기 때문이었다.

물론 고려는 송나라와 우호적인 관계라고 해서 요나라를 침공할 생각까지 하진 않았지만, 요나라로선 불안할 수밖에 없었다. 요나라는 송나라와 최후의 일전을 벌이기 위해선 고려와의 문제를 반드시 짚고 넘어가야만 했다. 요나라에 방법은 두 가지 중 하나였다. 친하게 지내거나 싸워서 복속시키거나.

요나라와 고려 사이에는 여진족이 산재해 있었다. 여진족은 비록 국가를 세우진 않았지만, 요나라와 고려 사이에서 부족 단위로 분포하며 요나라를 약탈했다. 요나라에겐 여진족도 후방을 위해 토벌해야 하는 존재였다.

요나라가 여진족을 토벌하며 고려와 거란 전쟁의 막이 시작했다. 공교롭게도 당시 요나라의 황제도 성종이었다. 요나라 황실의 사위였던 소손녕이 여진족을 토벌하고 도주하는 여진족을 추격하면서 자연스레 고려 쪽으로 남하했다. 쫓겨난 여진족이 고려로 들어오면서 고려에 거란족이 남하하고 있다고 알려 주었으나 고려 조정은 대수롭지 않게 여겼다.

요나라 소손녕의 여진족 토벌이 더 진행되며 더 많은 여진족이 고려로 피신했고, 거란족이 고려 국경까지 이르렀다고 한 번 더 경고하자 고려 조정은 그제야 외적의 침입에 준비하였다.

그리고 993년(성종 12년) 10월 소손녕의 80만 대군이 고려 국경을 넘었다. 성종은 중앙군 2군 6위 중 6위를 3군 체제로 재편한 후 박양유를 상군사로, 서희를 중군사로, 최량을 하군사로 임명했다.

본군 편성에 앞서 국경을 넘은 요나라를 당장에 상대할 병력이 필요해서 윤서안 장군이 이끄는 기병대가 가장 먼저 나서 지금의 평안북도 구성시 봉산성에서 소손녕의 거란군과 맞서 싸우지만, 박살이 나고 지휘관이었던 윤서안 장군은 포로가 되었다. 나름 고려의 정예 기병대가 궤멸하자 고려 조정은 패닉 상태가 되어 버렸다.

소손녕은 고려 조정에 80만 병력을 위시하며 항복을 강요했다. 고려 조정은 해결 방안을 두고 두 파로 갈렸는데, 한쪽은 화친을 맺고 항복하자는 항복론이었고, 다른 한쪽은 거란에 영토를 내어 주어 전쟁을 끝내자는 할지론이었다. 어느 쪽이든 싸우지 않고 굴욕적으로 항복하자는 주장이었다. 단 한 번의 패전으로 전의를 바로 상실한 건 아직 고려는 지방군을 동원할 행정력에 자신이 없었고, 전투에 내보낼 수 있는 병력은 중앙군이 유일했기 때문이다.

성종이 어떤 판단을 내려야 하는지 고민하던 그때 유일하게 서희만이 항전을 주장했다. 성종이 갈팡질팡하자 서희는 우선 요나라 진영에 사신을 파견해 보라고 제안해 사신을 보내 보지만, 별다른 소득 없이 겁박만 받고 돌아왔다. 이에 하루빨리 항복하자는 의견이 더욱 득세하였다.

고려 조정이 확실한 입장을 결정하지 못하고 고민하며 시간을 끄는 사이 더 확실하게 고려 조정에 공포감을 주려는 목적으로, 소손녕은 군대를 남하하여 청천강을 건넌 뒤 평안남도 끝자락에 있는 안융진을 공격한다. 하지만 안융진에 있던 중랑장 대도수의 활약으로 소손녕은 성 함락에 도리어 실패한다.

안융진 전투의 결과가 전해지자 서희는 확신했다. 소손녕의 요나라 부대는 80만이 절대 아니라고. 안융진은 결코 큰 성이 아니었다. 80만이나 되는 병력으로 안융진 하나를 함락시키지 못하는 건 이해할 수가 없었다.

만약 80만이 맞다고 하면 굳이 소손녕이 항복을 강요하지 않아도 된다. 그저 병력으로 고려 수도까지 남하해 공격하면 그만인데 소손녕은 봉산성에서 승리한 이후 안융진 전투 때까지 이렇다 할 군사행동을 하지 않고 가만히 있었다.

요나라의 접근에 여진족이 경고했을 때 고려 조정은 처음엔 믿지 않았다. 고려는 왜 믿지 않았을까? 80만이나 되는 병력이 내려 왔다면 일찌감치 고려 조정도 감지했을 것이다. 요나라가 고려의 국경에 거의 도착했을 무렵 여진족의 2차 경고에서 전쟁 태세를 갖추었다. 실제는 국경 지역 가까이 와야 감지할 수 있을 정도의 병력이라는 말이다. 서희의 예상은 적중했다. 소손녕의 병력은 결코 80만이 되지 못했다. 현대의 역사학자는 8만 정도로 추정하며, 그 수도 많다는 주장도 있다.

거란의 1차 고려 침공은 작정하고 침공한 전쟁이 아닌, 여진족을 토벌하며 남하하던 과정에서 자연스레 소손녕이 고려까지 침공한 준비되지 않은 전쟁이었다. 소손녕의 80만이 허세라면 그 허세를 꿰뚫어 버릴 때 상대방은 당황하기 마련이다. 서희는 이 점을 노렸고 담판을 짓고자 소손녕의 요나라 진영을 찾아갔다.

서희는 경기도 이천을 기반의 명망 있는 호족 집안 출신이다. 서희의 아버지는 서필로 광종을 모신 신하였으며 광종의 배향공신 두 명 중 한 명이고, 호족이라면 살아남기 힘들었을 살벌한 광종 치세에 유일하게 광종에게 직언을 할 수 있는 호족이었다. 살아남은 정도가 아니라 서필은 광종 대의 재상이기도 했다.

서희는 열여덟이라는 젊은 나이에 과거 시험을 합격해 관직 생활을 시작했다. 《고려사》 서희 열전의 기록에 따르면 서희는 '성품이 엄정하고 조심스러웠다'고 묘사되어 있다. 서희의 젊은 시절은 별다른 기록이 없으나 그의 나이 마흔 살 때 송나라에 사신으로 파견되어 10년 정도 왕래가 없던 송나라와 외교를 회복시킨 적이 있었다. 이때 송나라 황제가 서희의 언변에 감동해서 서희에게 관직을 주었다고도 한다.

안융진 전투의 패전 후 민망해 있던 소손녕은 서희가 온다는 소식에 일부러 더 공포스러운 분위기를 연출했다. 하지만 서희는 일말의 두려움 없이 당당하게 소손녕과 협상 테이블에 앉았다.

소손녕은 서희에게 절을 요구하자 서희는 절이란 신하가 임금에게 하는 것이므로 신하 대 신하의 자격으로 앉으면 절을 하지 않는다며 팽팽한 신경전이 오갔다.

소손녕은 서희에게,

"너희 나라는 신라 땅에서 일어났고, 고구려 땅은 우리의 소유인데 너희 나라가 이를 침식하고 있다. 또 우리와 국경을 접하고 있음에도 바다를 건너 송을 섬기니, 우리 대국이 이 때문에 와서 토죄하는 것이 다. 그러니 지금 땅을 떼어 바치고 조빙을 한다면 아무 일이 없을 것 이다."

라고 하자 서희는,

"잘못 알고 있다. 우리나라는 바로 옛 고구려를 계승한 나라이다. 그런 까닭으로 나라 이름을 고려라 하고 평양에 도읍을 정한 것이다. 만약 땅의 경계를 논한다면 거란의 동경(수도)도 모두 우리의 지경에 있는데, 어찌 우리가 침식했다고 이르느냐. 더구나 압록강 안팎 또한 우리나라의 경내이다."

라며 맞받아쳤다. 흔히 알려져 있기론 고구려 계승 의식을 두고 소 손녕이 서희의 대답에 동의하며 고구려 옛 땅을 회복하라고 고려의 강 동 6주 개척을 선뜻 이해했다고 한다. 그러나 엄연히 공식적인 외교 특 사 간의 협상이 실리적 교환 없이 동화적이고 훈훈하게 끝마치는 일은 없다. 고구려 계승 의식에 대한 언쟁은 그저 협상 초반 기선 제압에 불 과했다. 서희의 외교 담판 내용에서 중요한 대목은 다음의 내용이다.

서희는 소손녕이 고려를 침공한 핵심 이유를 정확하게 파악했다.

송나라 때문이었다. 거란의 1차 침공은 그간 고려의 친송배요 정책에 대한 불만을 표출하기 위함이었다. 혹시나 고려가 송나라와 함께 요나라를 공격할까 봐 그것을 우려했을 것이라 예상했던 서희는 소손녕에게 약속했다.

앞으로 고려는 요나라와 친교할 것이며 정기적으로 조빙하겠다고 말이다. 다만 고려와 요나라 사이에는 여진족이 길을 막고 있으니 우선은 고려가 여진족을 토벌하며 성을 쌓은 뒤에야 요나라로 가는 길목을 열 수 있다고 하였다.

여진족 토벌은 요나라의 목표 중 하나이기도 했다. 고려가 요나라와 화친하는 것만으로도 목적 달성인데, 고려가 여진족 토벌까지 담당해 주겠다고 하니 소손녕은 예상했던 것보다 더 큰 실리를 얻어갈 수 있는 셈이었다. 화친을 약속한 고려가 여진족을 내쫓고 요나라와 국경을 맞댄다면 안심할 수 있었다. 설령 고려와 관계가 파탄이 나서 향후 고려를 침공할 때가 온다면 기존보다 더 쉽게 고려를 침공할 수가 있으니 여러모로 따져봤을 때, 이 담판은 요나라가 절대적으로 더 유리하다고 소손녕은 계산했다.

이렇게 소손녕의 요나라군은 돌아갔다. 이후 서희는 발해가 멸망하고 사실상 주인 없는 땅이었던 청천강 이북의 여진족을 토벌한 뒤 흥화진, 귀주, 통주, 곽주, 철주, 용주 등 6개의 행정 구역을 설치하니 바로 강동 6주였다. 고려 거란 1차 전쟁은 침공당했으나 역으로 영토가 넓어진 흔치 않은 전쟁이었다. 여기까지만 보자면 서희의 외교 담판이 요나라에 더 유리하다고 판단할 수 있겠지만, 전혀 그렇지 않았다.

실리의 이면을 따져봤을 때 고려의 이익이 훨씬 더 컸다. 강동 6주의 땅은 국방 면에서 천혜의 조건을 갖춘 방어선이었다. 고구려 멸망 후 북방 방어선이 많이 축소된 이래 강동 6주 개척으로 향후 한국의 역사에서, 우리는 추가 방어선을 하나 더 가질 수 있었다.

고려 거란 1차 전쟁 이후 고려 거란의 2~3차 전쟁, 고려 후기 대몽 항쟁, 조선시대의 정묘호란·병자호란 등 북방 민족이 침공해 올 때마다 강동 6주는 주요 격전지가 되었고, 이곳에서 거둔 승리는 전쟁의 주요한 영향을 끼쳤다.

서희의 외교 담판에서 배울 수 있는 이상적인 협상의 본질이 이것이다. 상대방은 본인이 더 유리하고 더 많이 가져간다고 착각하게 해놓고 실질적으로는 나에게 더 유리하도록 하는 설계다. 물론 이 설계가 가능할 수 있던 건 서희의 남다른 정보력, 분석력, 판단력, 담력 등이 수반됐기 덕분이다. 앞으로 강동 6주에서 벌어질 전투를 주목해 주길 바란다.

강동 6주 개척에 너무 열을 올렸는지 서희는 과로사로 998년 사망했다. 쉰일곱이었기 때문에 요절은 아니지만 그래도 고려에 안타까운 인력 손실이었다.

서희의 외교 담판으로 고려 거란 1차 전쟁이 끝나자 성종과 고려 조정은 다소 민망해졌다. 한창 소손녕이 고려 조정을 위협할 때 항복하자는 쪽이나 할지하자는 쪽이나 대부분 성종 재위 초반부터 시간을 투자하며 육성해 놓은 문인화된 유학자 관료였기 때문이다. 이들은 분명 전문 행정 능력을 발휘하며 고려의 체제를 닦아 놓는데 앞장섰으나 정작 외적의 위협 앞에 바로 굴복하려 했다.

반면 서희는 호족 출신이었다. 항복론과 할지론이 거론됐을 무렵 서희와 함께 유일하게 항전을 고집했던 이지백은 성종에게,

"태조께서 나라를 세우고 자손에게 물려주어 오늘날까지 이르렀는데, 한 사람의 충신도 없어 대번에 가벼이 토지를 적국에 주려고 하니 어찌 원통하지 않습니까?"

라며 호족을 정권에서 제외하고 유학자 관료 집단으로만 구성했던 그간 성종의 인사 구성에 대해 노골적으로 불만을 터뜨렸다. 광종 대에 호족이 대거 갈려 나가고 성종 대에 유학자 관료 집단이 득세하면서 호족의 입지는 고려 건국 직후 대에 비하여 심하게 축소되어 있었다.

하지만 고려 건국 이래 첫 외적의 대규모 침공이었던 요나라의 1차 침입을 막은 영웅은 호족 출신의 서희였다. 더군다나 거란의 1차 침공을 맞은 뒤 지방군의 필요성을 절실히 느꼈다. 중앙 정부에서 배제된 호족은 각 지방 자신의 근거지에서 세력을 두고 있었기에 지방군 편제를 위해선 친 호족 정책을 필요로 했다. 결국 성종은 거란의 1차 침공후 재위 후반기에는 지방 세력 목소리를 십분 반영하면서, 중앙 정부의 권력이 약해지고 불교계의 힘이 다시 강성해졌다.

어릴 때 자가 염윤으로, 내의령 서필의 아들이다.
성품이 엄정하고 조심스러웠다. 광종 11년(960), 나이 열여덟 살에
갑과에 급제한 후, 차례를 뛰어넘어 광평원외랑에 임명되었고,
여러 차례 승진하여 내의시랑이 되었다.

-《고려사》권94, 열전7, 서희 열전

고려 왕실에선 왕건이 호족과 공신을 회유하기 위해 건국 직후부터 근친혼이 성행하였다. 어떻게든 가족 관계로 엮으려다 보니 친인척 관계가 중첩되었고 더불어 왕실의 상징성을 위해서도 근친혼이 주로 이루어졌다. 이 때문에 고려 초기 왕실 가계는 매우 복잡하다. 왕실의 근친혼은 이미 신라 때부터 이어져 내려왔기에 이상한 것이 없었다. 인륜적으로는 문제가 되던 사회는 아니었을지언정 복잡한 가계로 인해 정치적 화를 불러일으키는 씨앗이 되었고, 고려 역사를 통틀어 희대의 스캔들이었던 천추태후의 스캔들은 고려를 위기에 빠뜨렸다.

4

천추태후,
고려사 희대의 스캔들

근친의 가계

5대 왕 경종과 6대 왕 성종의 관계를 보면, 경종과 성종 모두 왕건의 손자로 둘은 사촌 형제지간이었다. 경종의 아버지는 광종, 광종의 어머니는 왕건의 제 3비 신명왕후 유씨였다. 성종의 아버지는 왕건과 그의 제 4비 신정왕후 황보씨 사이의 아들이었다. 그런데 경종과 성종의 관계는 한 가지가 더 있었다.

성종은 경종의 사촌 동생인 동시에 처형이었다. 성종에게는 두 명의 여동생이 있었는데 두 여동생 모두 경종과 혼인하였다. 성종과 두 여동생은 어릴 적 부모님을 일찍 여의고 할머니 신정왕후 아래에서 자랐다. 황해도 황주 지역의 호족 집안 출신으로 야망이 남달랐던 신정 왕후 황보씨는 성종의 여동생이자 두 손녀를 5대 왕 경종과 혼인시켰 다. 두 여인이 각각 헌애왕후와 헌정왕후다.

경종 사후 그 많은 사촌 형제 중 성종이 6대 왕으로 즉위한 건 자기 여동생이 경종의 왕비였기에 가능했다. 할머니 신정왕후 황보씨가 강력하게 입김을 넣었기 때문이었다. 게다가 성종의 두 여동생 헌애왕후와 헌정왕후 중 언니 헌애왕후가 경종의 아들을 낳았다. 후사가 없어서 걱정하던 고려 왕실에 크나큰 경사였다.

하지만 헌애왕후가 낳은 아이가 아직 갓난아기였을 때 경종이 사망했고, 경종의 아들이 왕을 잇기엔 너무 어려 헌애왕후의 오빠이자 경종의 사촌 동생 겸 처형이 뒤를 이어 성종으로 등극했다. 만약 경종이 더 오래 살았더라면 성종은 왕이 되지 못하고 조카가 6대 왕이 되었을 것이다.

그와 동시에 자기 여동생이 선대왕의 아들을 낳은 덕에 그 영향력으로 성종이 6대 왕으로 등극할 수 있었다. 불행인지 다행인지 성종에게는 적통 아들이 없이 딸만 있어서 성종은 헌애왕후의 아이가 열 살 무렵이었을 때 개령군으로 봉하고 자신의 뒤를 이어 고려의 7대 왕으로 등극할 것이라며 후계로 삼았다(성종 역시 즉위 이전 작호가 개령군이었다).

그렇다면 성종의 두 여동생 중 헌정왕후는 어떻게 됐을까? 언니 헌애왕후는 경종의 아이 개령군을 낳았기에 개령군과 궁궐에 머무를 수 있었지만, 그렇지 않았던 헌정왕후는 궁에서 나와 사가에 머무르고 있었다. 헌정왕후의 사가 근처에 절이 하나 있었는데, 헌정왕후는 그 절을 오가던 삼촌 왕욱과 사랑에 빠졌다.

왕욱은 왕건과 그의 제 5비 신성왕후 김씨 사이에서 태어난 아들로, 어머니 신성왕후 김씨는 신라 왕실 출신이었다. 삼촌과 조카의 러브스토리가 이상하게 다가올 순 있어도 근친혼이 성행했던 고려 왕실에서 그 관계는 심각한 문제는 아니었다.

다만 헌정왕후가 선대왕의 왕비였다는 건 심각한 문제였다. 심지어 헌정왕후가 왕욱의 아이를 임신했다. 유학에 심취해 있던 성종은 이 관계를 그냥 넘어갈 수가 없었고, 헌정왕후와 왕욱의 사이를 갈라놓으려고 했다. 그렇지만 두 연인은 계속 만나 사랑을 나누었다. 이를 불안하게 여긴 왕욱의 하인들이 일부러 집에 불을 질렀고 성종이 직접 찾아오며 화재를 진압했는데, 왕욱의 집에서 여동생 헌정왕후를 목격해 버렸다.

성종은 왕욱을 경남 사천으로 유배를 보내며 두 연인을 완전히 결별시켰다. 사랑하는 사람에 대한 그리움으로 몸도 마음도 지쳐 있을 때 헌정왕후는 출산했고, 아이는 무사히 아들로 태어났지만, 출산 후 회복하지 못한 헌정왕후는 사망했다. 그래도 여동생에 대한 미안함 때문인지 성종은 어린 조카를 사천에 유배 가 있는 왕욱에게 보내 친부가 직접 키울 수 있도록 봐 주었다.

997년 6대 왕 성종이 사망하고 생전 성종의 결정대로 조카 개령군이 7대 왕 목종으로 즉위했다. 목종의 즉위에 따라 헌애왕후는 왕의 모친, 즉 태후가 되었다. 태후가 된 그녀는 자신의 거처를 '천추전'이라 명명하였다. 그녀가 바로 천추태후였다.

천추태후와 김치양

천추태후는 독실한 불교 신자였다. 그녀의 아들이 목종으로 즉위하기 이전 천추태후는 언제나 근처의 절을 찾았다. 당시 그녀에게 접근했던 승려가 있었으니 김치양이었다. 김치양이 실제 승려였는지는 의심이 많이 간다. 의도적으로 천추태후에게 접근하기 위해 승려로 위장을 한 것인지, 실제 승려였는데 우연히 천추태후를 만났는지는 알 수 없지만, 김치양과 천추태후의 사이는 부쩍 가까워졌다.

김치양은 동주 김씨의 호족 집안으로 동주는 오늘날 황해도 서흥군을 가리킨다. 왕건의 후궁 중에 동주 김씨 집안이 있었으니 천추태후와도 먼 친척 관계였다. 천추태후는 오빠 성종, 여동생 헌정왕후와 어릴 적 할머니의 고향 황해도 황주에서 자랐으니 김치양과 천추태후는 가깝다면 가까운 거리에 있었다.

《고려사》의 기록에 의하면 김치양은 양기가 강해 음경에 수레바퀴를 걸 수 있었다고 한다. 두 사람의 관계는 연인 사이로 발전했다. 이미 천추태후는 경종 사이에서 낳은 아들 개령군까지 있었다. 두 여동생의 불륜 스캔들에 골머리를 앓는 성종은 차마 여동생과 후위를 이을 조카를 벌할 수가 없어서 김치양을 유배 보내는 선에서 두 사람 사이를 갈라놓았다.

성종 사후 아들 개령군이 7대 왕 목종으로 등극하고 태후가 된 천추태후는 유배를 가 있던 김치양을 불러들였다. 천추태후는 김치양에게 조정의 조회와 의례를 맡은 합문통사사인 겸 상서성의 정2품 벼슬 우복야 겸 국가의 회계 업무를 맡는 삼사의 대표인 삼사사에 임명했다. 주요 관직을 세 가지나 겸임하며 김치양은 권신으로 부상했다. 김치양은 사적으로 천추전을 자주 드나들었다. 금세 고려 조정과 사회에 두 사람의 스캔들이 퍼졌다. 스캔들이라 할 수도 없는 것이 모두가 쉬이 할 뿐 공공연한 사실이었다.

김치양은 천추태후를 뒤에 업고 막대한 비리를 통해 재산을 불려나가 김치양의 집이 무려 3백여 칸에 달했으며 집 내부에 누정, 정원, 연못을 갖추었다고 한다. 김치양이 천추전을 찾는 날이 아니면 천추태후가 김치양의 집으로 와서 밤을 지새웠다. 김치양의 권세가 강해질수록 김치양에게 붙는 간신의 수는 더 많아졌으며, 김치양은 고려의 인사권을 장악하고 그의 친척과 일당을 요직에 임명하였다.

종교로 맺어진 인연인 만큼 김치양과 천추태후는 궁궐 서북쪽에 사당을 하나 건립했는데 사당의 초상화가 '말로 표현할 수 없을 정도로 기괴하기 그지없었다'고 《고려사》는 전한다. 둘은 끝내 넘어선 안 될 선을 넘어 버렸으니 천추태후가 김치양의 아이를 임신한 것이다. 심지어 아들을 출산했다. 목종은 김치양을 벼르기만 할 뿐 어찌할 바를 몰랐다.

아들이 생긴 김치양은 다른 마음을 품었다. 제 아들을 왕으로 옹립하는 것. 아들의 어머니가 고려 왕족이며, 신라도 사위에게 왕위를 넘기는 관례가 있었으니 충분히 제 아들이 왕으로 정통성을 갖추었다고 봤다. 단 현직 왕인 목종도 천추태후의 아들이라는 점이 걸렸다.

김치양은 목종도 폐위시키고 싶었지만, 천추태후는 차마 목종까지는 손대고 싶어 하지 않았다. 김치양도 목종 자체는 별걱정을 하지 않았다. 아직 아들은 어리고 무엇보다 목종에겐 아들이 없었다. 목종의 뒤를 이을 적통이 없었으니 차기 왕으로 제 아들도 충분히 명분을 쥐고 있다고 볼 수 있었다.

그러나 김치양의 아들이 서열 1위는 아니었다. 목종이 후사가 없다면 차기 왕위 계승 서열 1위는 다른 왕자에게 있었다. 목종의 사촌 동생이자 천추태후의 조카. 과거 천추태후와 함께 경종의 아내가 되었으나 경종 사후 궁궐을 나온 헌정왕후가 죽으면서 남긴 아들. 헌정왕후 사후 성종이 친부인 왕욱에게 맡겨 자라난 아들이 있었다. 친부 왕욱은 왕건의 아들이기도 하여, 친부와 친모가 모두 고려 왕족이었던 이 아이야말로 유일한 적통이었다.

그러나 친부 왕욱은 아이가 다섯 살이었을 때 사망했고, 아이는 개경으로 돌아와 대량원군으로 봉해진 뒤 왕족이 키우고 있었다. 아들이 없던 목종은 차마 김치양의 아들에게 왕위를 빼앗길 수는 없어서 대량원군을 차기 왕으로 밀었다.

반면 천추태후와 김치양에겐 대량원군만 없으면 제 아들이 목종의 뒤를 잇게 할 수 있어서 대량원군을 핍박하기 시작했다. 천추태후는 열두 살의 대량원군을 승려로 출가시켜 신혈사로 보내 버렸다. 여기서 끝이 아니었다. 김치양은 몇 번이고 신혈사로 자객을 보내거나 궁녀들을 시켜 독살을 시도하려는 등 대량원군을 살해할 기회만 엿보았다. 오죽하면 그 어린아이인 대량원군이 조정에 연이 닿아 있던 채충순을 통해 왕인 목종에게 '제발 구원해 달라'고 호소할 정도였다.

한번은 대량원군이 독이 든 음식을 먹으려고 할 때 이상함을 감지했던 신혈사의 주지 스님인 진관스님이 음식을 길가에 버렸는데, 이 음식을 까마귀와 참새가 먹더니 그 자리에서 죽어 버리는 일도 있었다. 진관스님은 절에 땅굴을 파서 대량원군을 피신시키는 등 어떻게든 불쌍한 대량원군을 지켜 주고 보호했다.

대량원군은 죽음의 위협을 피하려고 언제나 차고 습하고 좁은 땅굴에 숨어 있으면서 독서를 했다고 한다. 훗날 대량원군은 이날의 감사함에 보답하고자 신혈사를 중수하고 절의 이름을 본인을 지켜 준 스님의 법명을 따서 '진관사'로 고치니 오늘날 서울 북한산 자락에 있는 진관사가 바로 그 절이다.

한편 목종도 나름대로 대량원군을 지켜 주고자 했으나 어머니 천추태후와 김치양의 전횡은 쉽게 막아 내질 못했다. 1009년(목종 12년) 목종의 침소에서 대화재가 발생했다. 다행히 목종은 외부 행사로 밖에 있어서 피해를 보지 않았지만, 하필 거칠게 부는 바람 때문에 침소 상정전이 전소가 되어 버리다시피 했고 불이 인근까지 번져 천추태후의 거처인 천추전까지 태워 버렸다.

목종은 이를 단순한 사고라고 보지 않았다. 이 모든 것이 김치양의 소행이라고 확신했다. 이제 김치양이 자신의 목숨마저 노린다는 두려움에 목종은 기력을 잃고 몸져누워 버렸다. 그렇다고 가만히 있자니 김치양이 언제 어디서 어떻게 본인을 음해할지 모르는 일이다. 목종도 손을 써야만 했다.

목종은 천추태후의 그림자?

기존에 알려지기론 목종은 허수아비에 불과했고 권력을 장악하고 있던 천추태후가 섭정하며 김치양과 더불어 모든 정사를 주관했다고 한다. 천추태후가 권력을 장악하고 있었고 김치양이 비선 실세이긴 했지만, 목종 대에 시행됐던 정책은 대부분 목종의 결정에서 이루어졌다. 물론 천추태후가 존재감을 발휘하기도 하였으나, 그녀의 존재감은 불교계에 국한됐다.

천추태후와 김치양의 발원으로 많은 사찰이 새로 지어지거나 중수됐다. 고려 역시 이전의 국가처럼 불교 국가를 표방했는데 고려에서는

'사경寫經'을 다량으로 제작하였다. 사경寫經이란 '필사한 불경'을 말한다. 보통 어두운 색깔의 감색 종이 위에, 금박 혹은 은박을 아교에 갠 금니, 은니로 제작하였는데 삽화를 넣는 관례가 있었다. 삽화는 당연하게도 변상도(불교 경전의 내용을 그린 그림)였으며, 사경에 넣은 변상도 삽화를 '사경변상도'라고 한다.

현존하는 고려시대 사경변상도 중 가장 오래된 것이 1006년(목종 9년) 천추태후와 김치양이 함께 발원하여 제작한 〈감지금니대보적경권 제32 변상도〉다. 이 사경변상도는 금니로 글을 쓰고 은니로 변상도를 그렸다. 이처럼 불교계에 천추태후는 깊게 개입하고 있었다.

하지만 천추태후가 고려의 모든 정사에 간섭했다는 증거는 없다. 불교에 관한 관심이야 오래전부터 이어졌으니 이해가 가지만 정치에 대한 천추태후의 야심이 드러나는 흔적은 없기 때문이다. 외교나 내정에 관해선 전적으로 목종의 몫이었다.

목종 대에 가장 주목할 만한 정책은 전시과 개편이다. 5대 왕 경종 대에 처음으로 시행되었던 시정 전시과를 개정하여 개정 전시과로 개편하였다. 경종 대의 시정 전시과는 관직의 높낮이가 아닌 인품의 등급에 따라 전지(토지)와 시지(임야)의 수조권을 지급했다.

기준이 모호한 인품에 따른 등급은 늘 문제시되었고 목종은 인품에 따른 등급을 철폐한 뒤 관직의 높낮이에 따라 18과로 등급화하여 전지와 시지의 수조권을 지급했다.

그러나 전·현직 관료에게 모두 지급하는 원칙은 그대로 이어졌다. 전시과는 관료를 포함해 지방의 향리에게도 외역전을 지급하여 국가에 복역하는 모든 이들에게 생활권을 보장했다.

그렇다고 목종이 강력한 왕권을 휘두르던 왕은 아니었다. 천추태후와 김치양에게 시달린 것은 맞으며 어머니 천추태후의 눈치를 보며 김치양을 마음대로 제거하지도 못했다.

> 성품이 침착하고 굳세며 어려서는 임금의 도량이 있었으나, 활쏘기와 말타기를 잘하고 술을 즐기며 사냥을 좋아하여 정사에 마음을 두지 않았다.
>
> ─《고려사절요》제2권, 목종 선양대왕

목종에 대한 묘사가 과장은 있어도 괜히 나온 말은 아니었을 것이다. 더군다나 목종에게는 후사가 없었으니 기반이 튼튼하지 못했다. 무엇보다 목종에게는 왕으로서 치명적인 꼬리표가 있었는데, 바로 동성애자였다. 유행간이라는 자는 생김새가 아름다워서 목종이 특히 그를 사랑해 남색을 즐겼으며, 그 덕에 유행간은 벼락출세를 하였다.

유행간은 목종의 총애를 등에 업고 교만하게 관료를 업신여기며 많은 질타를 받았다. 유행간에 대한 목종의 사랑은 순수했을지 모르나 유행간은 아니었다. 유행간은 무슨 연유에서인지 모르겠지만 정치적으로 목종에게 접근했다. 목종이 대량원군을 후계를 밀려고 했을 때 유행간이 몇 번이고 반대했다. 그래서 김치양이 심어 놓은 첩자라는 추측도 있지만 어디까지 추측일 뿐 증거는 없다.

한편 궁궐대화재 사건 후 목종은 몸져누웠고 천추태후는 장생전으로 거처를 옮겼다. 김치양 입장에선 목종이 병약해졌을 때가 움직일 절호의 기회였다. 아직 조정에는 목종을 지지하며 반ᄐ 김치양 파 대신이 더러 있었다. 이 가운데 유충정이 목종에게 밀서를 보내 김치양이 사람을 소집하고 있으며 자신에게도 김치양의 뜻을 함께해 달라고 했으나 당장은 거절했다는 소식을 전해왔다. 목종은 더 큰 충격에 무슨 수를 써야만 했고, 또 다른 측근 신하였던 채충순을 불러 유충정의 밀서를 보여 주며 도움을 청했다.

> 짐의 병이 점차 위독해져서 머지않아 죽게 되었는데, 태조의
> 손자는 오직 대량원군만이 남아 있다. 경과 최항은 평소 충의
> 를 다하고 있으니, 마땅히 마음을 다하여 대량원군을 보좌하
> 여 사직이 다른 성씨에 옮겨 가지 않도록 하라.
> - 《고려사절요》 제2권, 목종 선양대왕, 기유 12년(1009년)

채충순은 최항, 유충정과 함께 김치양보다 선수를 쳐서 대량원군을 다음 왕으로 추대할 준비를 밟았다. 목종 또한 대량원군에게 양위하겠

다는 뜻을 비밀리에 전했다. 목종은 채충순에게 유행간은 모르게 진행하라고 언질을 준 것으로 보아 이맘때쯤이면 목종도 유행간을 의심하고 있었던 것으로 보인다.

　김치양도 목종의 행보를 어느 정도 눈치챘으나 수일을 고민만 할뿐 과감한 결단을 내리진 못하고 있었다. 행여나 김치양이 허튼짓을 일으킬까 두려웠던 목종은 군대를 동원할 필요성을 느껴서 서경(평양)에 있던 서북면순검사 강조에게 연락을 취해 군대를 이끌고 개경으로 들어와 김치양 일파를 제거해 달라 부탁했다.

강조의 정변

강조의 출신에 대해선 알려지지 않았다. 강조의 직책이 서북면순검사였으며, 고려 초기부터 대단히 중요시했던 평양의 책임자였다. 지방 유지의 기득권이 보장받던 시대였지만, 고려 건국 전만 해도 서경은 풀만 무성한 지방이었음을 고려해 보자면 평안도나 황해도 지역에 뿌리를 둔 패서 호족의 일파였을 것으로 추정만 한다.

　1009년(목종 12년) 강조는 목종의 부름에 즉각 군대를 모아 개경으로 남하했다. 강조의 남하 소식에 김치양은 경악했다. 당장은 강조의 서경 군대를 막을 병력이 없었기 때문이다. 강조가 서경에서 개경으로 가던 중 황해도 서흥군의 용천역에 이르렀을 때 김치양이 보낸 신하가 강조의 행군을 가로막더니, 개경으로 남하하라는 왕명은 김치양과 천추태후가 조작한 위서이며 목종은 강조에게 서경에서 만약을 대비하라는 지시를 내렸다며 강조에게 돌아가라 했다.

이에 속은 강조는 다시 서경으로 회군하였는데 이번엔 강조의 회군 소식을 들은 강조의 아버지가 종을 강조에게 보내 강조를 속였다.

"왕은 이미 세상을 떠났고 간흉이 마음대로 권세를 부리니 군사를 거느리고 와서 국난을 평정하라."

거짓말을 해야 강조가 혼란스럽지 않고 개경으로 내려가 김치양 일당을 제거하리라 여겼다. 강조가 개경 근처 황해도 평산군을 지나칠 때 목종이 아직 살아 있다는 소식을 들었다. 어찌할 바를 몰라 고민할 때 강조의 부하들은 여기까지 와서 돌이킬 수 없다며 강조를 설득했고, 강조는 개경으로 입성했다.

이때 목종은 신하를 보내 대량원군을 신혈사에서 모셔 왔는데 강조의 일행이 호위한다는 명분으로 대량원군과 함께 궁으로 입궐했다. 강조는 궁궐에 무장한 군인을 배치했고 신하를 포섭해 갔다. 곧바로 김치양과 유행간을 비롯한 그 일당을 검거하여 일곱 명을 처형하고 30여 명을 유배 보냈다.

김치양 일당을 제거한 것은 목종의 지시이긴 했으나 강조는 군대를 해산하지 않은 채 그대로 목종마저 폐위시키고 대량원군을 8대 왕 현종으로 옹립했다.

강조는 목종과 천추태후를 충주로 유배 보냈다. 개경에서 충주로 유배하는 도중 경기도 파주에서 유배 일행이 잠시 쉬고 있을 때였다. 유배 인솔을 담당했던 신하 김광보가 쉬고 있던 목종에게 은밀히 다가가 독약을 권유했다. 김광보는 강조의 부하였다. 목종은 독약을 거부하자 '왕이 독약을 거부하면 군사를 시켜 죽이라'는 강조의 지시에 따라 호위 군관이었던 안패가 목종을 암살하였다. 대외적으로는 목종이 자결했다고 알렸다.

천추태후는 유배령이 풀렸지만 고향 황주로 돌아가라는 권고를 받아 여생을 조용히 황주에 머물다가 20년 후 사망한다. 여기까지가 강조의 정변이다.

강조의 정변은 처음부터 끝까지 의문투성이다.

첫째, 목종은 강조의 무엇을 믿고 구원을 요청하였을까? 강조가 김치양에게 포섭되지 않았다는 보장도 없거니와 결과적으로 강조는 목종을 배신하였다. 고려 전기 사회가 지방 분권 현상이 심했다고는 하나 서경만큼은 고려 왕실이 개발한 도시였다. 적어도 근왕 세력의 근거지였다. 고려의 역대 왕들은 하나 같이 서경을 아주 아꼈다. 유학을 숭상했던 성종도 서경에 자주 왕래했으며 목종이 개령군인 시절 성종이 다음 후사로 정하겠다고 공표한 곳도 서경이었다.

하지만 목종이 고려 왕실의 한 사람으로 서경과 서경의 세력을 믿었는지 아니면 알려지지 않은 서경에 얽힌 목종의 사연이 따로 있었는지는 모르는 일이다.

둘째, 강조가 개경에 들어온 동기가 이해되지 않는다. 강조는 목종의 부름에 개경으로 내려갔다가 김치양 부하에게 속아 서경으로 돌아가던 중 아버지에게 한 번 더 속아 개경으로 다시 내려갔다. 그런데 개경 가까이 도착했을 때 목종이 살아 있다는 소식을 듣고는 망설인다. 왜 망설였을까? 목종은 이미 강조에게 개경으로 들어오라는 왕명을 내렸다. 설령 그 동기가 아버지에게 속은 동기라 해도 처음으로 돌아왔으니 강조는 충분히 개경으로 입성할 명분을 가지고 있다. 망설일 이유가 하나도 없는 것이다. 강조가 개경으로 들어가려던 목적이 목종의 시위가 아닌 처음부터 김치양도 목종도 모조리 제거하려는 의도였다면 이해가 간다. 아니나 다를까 개경에 입성하자마자 대량원군을 데려온 과정이 너무나도 일사천리였다.

그렇다면 강조는 왜 처음에 서경으로 돌아가려고 했을까? 김치양의 부하가 강조에게 '개경으로 오라는 왕명은 천추태후와 김치양의 위서이며 목종은 강조가 돌아가 서경에서 대기할 것을 원한다'고 거짓말을 했을 때, 강조가 김치양도 목종도 모조리 제거할 생각이었다면 모두 다 무시하고 개경으로 내려갔을 것이다.

비록 거짓이긴 해도 서경에서 대기하기를 왕이 원한다고 하자 서경으로 순순히 말머리를 돌린 건 목종에 대한 강조의 충심이 아닌가?

셋째, 김치양은 대체 뭘 하고 있었는가? 김치양은 목종이 강조를 부른 것을 알았다. 강조가 내려오는 동안 그리고 개경에 들어와서도 김치양은 대체 왜 아무런 방비를 하지 않았을까? 몰랐다는 말은 납득이

안 간다. 강조의 아버지가 강조에게 종을 보낼 때도 김치양 일파에게 발각될까 봐 승려로 위장시켰다. 김치양은 강조의 행동에 관심을 쏟고 있었다. 사실 목종이 강조를 부르기 전부터 김치양은 얼마든지 병든 목종을 해할 수 있었다.

강조가 내려오는 도중 김치양 부하에게 속아 서경으로 돌아가다 아버지에게 속아 다시 개경으로 내려갔고, 목종이 살아 있다고 하자 망설이더니 개경으로 들어와 강조가 조정을 장악하며 반대파를 제거하는 동안 김치양은 순순히 당하기만 했다.

넷째, 강조는 왜 천추태후만을 살려 두었는가? 김치양과 목종을 제거한 일은 당연하다. 김치양은 정적이었고 목종은 선대왕으로 살아 있어서 현직 왕에게 도움이 되지 않았기 때문이다. 천추태후도 이 모든 원흉 중 하나였다. 아무리 태후라고 하지만 왕도 죽인 마당에 천추태후에게 죄를 묻지 않을 이유가 없다. 하지만 목종을 암살하곤 천추태후에게 유배령을 취소하고 고향으로 보내 주는 특혜까지 주었다. 강조의 정변에는 해결되지 않는 의문이 남는다.

성품이 침착하고 굳세며 어려서는 임금의 도량이 있었으나,
활쏘기와 말타기를 잘하고 술을 즐기며
사냥을 좋아하여 정사에 마음을 두지 않았다.

-《고려사절요》제2권, 목종 선양대왕

독일의 철학자 칸트는 양자 간의 혹은 다자 간의 갈등이 새로운 사회를 야기한다는 '반사회적 사회성' 개념을 소개한 바 있다. 충돌 즉 전쟁을 겪으면 기존의 사회는 갈기갈기 찢기되 파괴당한 파편들은 다시 모여 새로운 사회를 만들어 낸다는 이론이다. 고려는 10세기 말 성종 대에 거란족 요나라의 1차 침공을 받았다. 거란족의 요나라는 8대 왕 현종 대 두 차례에 걸쳐 더 고려를 침공했고, 현종 대의 전쟁은 고려에게 절체절명의 순간이었다. 분명 전쟁 자체는 끔찍했지만, 현종이 고려를 다음 시대로 넘어가도록 판을 말아 놓는 계기가 되기도 했다.

5

전쟁을 통해 성장하다 : 고려 vs 거란 전쟁

제2차 고려 vs 거란 전쟁 : 양규의 결사대

강조의 정변으로 1009년 대량원군이 8대 왕 현종으로 즉위했다. 현종
은 허수아비에 불과했고 강조가 섭정자가 되어 모든 권력을 쥐고 있
었다. 고려의 조정이 이처럼 혼란스러운 틈을 거란족의 요나라가 놓
치지 않았다. 요나라의 황제 성종은 '강조의 정변'을 명분으로 고려를
침공했다.

서희의 외교 담판 후 고려와 거란족의 요나라에는 어떤 일들이 있
었을까? 고려는 여진족을 토벌해야 거란의 요나라와 통교할 수 있다는
명분으로 강동 6주를 개발했다.

요나라는 중국 내부 깊숙이 들어가서 1004년 송나라를 뒤엎어 버리고 송나라에 치욕을 주었다. 더불어 제1차 고려 거란 전쟁 이후 고려는 서희의 담판 내용대로 일시적으로 송나라와 국교를 단절하고 요나라의 연호를 사용하는 모습까지 보여 주었다.

하지만 이는 퍼포먼스에 불과했다. 고려는 비밀리에 송나라와 연락하며 요나라와의 관계는 어쩔 수 없는 외교일 뿐 마음 깊이 거란의 요나라를 증오한다고 송나라와 우호적인 관계를 유지하고 있었다. 시간이 지나며 요나라도 눈치는 채고 있었다.

요나라 내부적으로도 변화가 있었는데 그간 요나라 성종은 어머니 승천태후의 섭정을 받고 있었다. 즉 제1차 고려 거란 전쟁은 요나라 성종 재위기이긴 했으나 승천태후의 작품이었다. 승천태후가 사망하던 시점이 1009년, 고려에서 강조의 정변이 일어나고 현종이 즉위한 연도였다.

홀로서기를 시작한 젊은 청년 황제 요나라 성종은 팽창주의에 활활 불타고 있었다. 때마침 1010년 고려 북방 경계 지대에서 고려인 관리가 여진족의 부족장과 일행 95명을 거짓으로 속여 살해하는 사건이 있었다. 일부 여진족 무리가 요나라 조정에 복수해 달라며 호소했다. 요나라 성종에겐 고려 침공의 명분이 하나 더 늘어났다. 고려 조정에 강조가 선대왕 목종을 시해한 이유를 정확히 밝히라며 압박하면서 이미 군대를 집결 중이었다.

고려는 두 차례나 사신을 파견하였지만, 요나라 성종이 원하는 답은 정해져 있었다. 고려가 내부적으로 어수선한 이 시점에 고려를 침공해야만 했다. 1010년 11월 요나라 성종은 직접 친정에 나서 무려 40만 대군을 직접 이끌고 내려왔다. 제2차 고려 거란 전쟁 발발이었다.

실제 40만까지 아니었지만 그래도 황제의 친정이었으니 1차 때 소손녕이 데리고 온 거란족의 수에 비하면 비교도 할 수 없을 정도였을 것이다.

요나라군이 국경을 넘었으나 강동 6주 중 한 곳인 흥화진에서 양규 장군의 활약으로 고려군이 거란족의 맹공을 막아 냈다. 덕분에 수도 개경에서 강조가 군대를 모아 국경 지대로 오기까지의 시간을 제대로 벌어 주었다.

강조는 동원할 수 있는 최대 병력인 30만 대군을 조직해 지금의 평안북도 선천인 통주에 진을 쳤다. 쿠데타를 일으킨 지 얼마 안 된 시점에서 대규모 군대를 타인에게 맡기기 불안했던 강조는 본인이 직접 지휘하였다. 흥화진에서 막혀 있는 요나라군은 흥화진 함락보다 강조의 주력군을 무너뜨리는 편이 더 효과적이라 생각하고 통주로 향했다.

강조는 통주성에 들어가지 않고 들판에서 요나라군과 부딪혔다. 초반에는 강조의 고려군이 선전하더니 작은 승리에 크게 도취하여 방심했을 때 요나라군의 공격을 받아 부대가 와해하고 강조는 포로로 생포되었다.

애당초 고려군의 주특기인 수성전을 버리고 유목 민족인 거란족이 자신 있어 하는 야전으로 싸우려고 했던 작전 자체가 무모했다. 요나라 성종은 강조에게 항복을 회유했다. 강조는 모질고 혹독한 고문을 받으면서도 끝까지 항복을 거절했다.

반면 강조랑 같이 붙잡힌 강조의 부장 이현운은 바로 항복했고 화가 난 강조는 이현운의 가슴을 발로 차고 침을 뱉었다고 한다. 이렇게 전쟁의 명분이자 고려군의 총지휘자였던 강조는 처형당했다. 강조가 죽으면서 전쟁은 끝나는 줄 알았는데 와해되었던 강조 휘하 고려군이 통주성 안으로 들어가 단합하여 항전한 끝에 요나라군의 공격을 버텨냈다. 요나라 성종은 흥화진에 이어 통주성도 함락시키지 않고 지나쳐 버렸다.

남하한 요나라군은 고려의 수도 개경으로 가는 최종 방어선인 서경에 이르렀다. 서경 내 사람들은 이미 항복을 결심하고 있었다. 이때 탁사정이 이끄는 동북면 병력이 서경을 구하러 서경에 들어와 항복 문서를 불태우고, 항복하려 했던 서경유수 원종석을 쫓아냈다.

탁사정의 동북면 병력은 요나라의 선봉대마저 매복으로 격파시키는 전공을 세웠지만, 정작 요나라의 주력군과 전면전을 앞두고 겁을 먹었는지 탁사정의 동북면 병력이 도망을 쳐 버리며 서경은 바람 앞의 등불이 되었다.

다행히 서경 안에 있던 장수 강민첨이 서경의 혼란한 상황을 수습하며 서경을 사수했다. 서경에서 더 오래 지체할 수 없던 요나라 성종은 이번에도 서경을 그대로 둔 채 수도 개경으로 곧장 진격했다.

고려 조정은 다수가 항복하자는 쪽으로 의견이 기울었다. 다만 강
감찬 등의 일부 주전파는 상황이 마냥 불리하지 않으며 현종이 잠깐
남쪽으로 피난을 가서 시간만 벌면 전쟁에서 이길 수 있다고 주장했
다. 현종은 강감찬 등 주전파의 의견을 따라 수도 개경을 나와 지금의
전남 나주까지 피난길을 떠났다.

나주까지 피난을 간 건 그사이 어느 한 군데에서도 정착하지 못했
다는 뜻인데 아닌 게 아니라 현종이 나주까지 가는 피난길은 이루 말
할 수 없을 정도로 험난했다. 탈영하는 병사는 물론이거니와 현종을
호종하던 신하들도 도망가기 일쑤였다. 세기도 힘들 만큼 곳곳에서 산
적과 도적떼를 만났다. 왕의 피난길에 산적과 도적떼가 겁도 없이 들
이치는 건 이해하기 힘들 수 있다. 고려는 여전히 지방 분권적 사회였
다. 중앙 정부의 집권화가 완벽하지 않았던 체제에 왕은 궁궐에 있을
때나 절대적 존재이지 다급하게 궁궐을 나온 왕이 다른 지역에서 환영
받으리라 장담할 수 없었다.

경기도 양주에서는 아전 정도가 현종에게,

"왕께서는 나의 이름과 얼굴을 아시겠습니까?"

라며 모욕을 보이고 또 난동을 부리기도 하였다. 현종은 요나라에
서 도망치는 동시에 국내 지방의 호족과 유지에게서도 도망쳐야 하는
눈물겨운 피난길이었다. 심지어는 '누군지 알 수 없는 적'이라고 기록

된 자의 공격까지 받았다고 한다.

그나마 공주에 이르렀을 때 공주의 호족이었던 김은부가 극진히 현종을 모셨다.

"성상께서 산과 물을 지나시고 서리와 눈을 무릅쓰시며 이렇게 지극한 상황에 이르실 줄 어찌 생각하였겠습니까?"

라며 현종은 물론 호종하던 신하에게도 잘 곳과 음식을 대접했다. 이때의 감사함에 현종은 훗날 전쟁이 끝나고 김은부의 세 딸과 모두 혼인하여 김은부를 왕의 장인어른으로 삼았다. 세 딸이 원성왕후 김씨, 원혜왕후 김씨, 원평왕후 김씨로, 맏언니 원성왕후 김씨 사이에서 9대 왕 덕종, 10대 왕 정종을 낳았고 원혜왕후 김씨 사이에서는 11대 왕 문종을 낳았으니, 김은부는 무려 세 왕의 외할아버지가 되는 영광을 누렸다. 그러나 공주에서의 대접이 끝이었다.

현종이 전주에 이르렀을 땐 전주 호족이,

"주상께서는 행차하지 마소서."

라며 아예 받아 주지도 않았다. 현종은 겨우 나주에 도착할 수 있었다. 현종의 피난길에서 모두가 현종 곁을 떠날 때 끝까지 옆에 있어 준 신하가 있었으니 지채문이었다. 지채문은 현종을 습격한 괴한으로부터 목숨 걸고 현종을 지켜 주었으며 싫은 소리 없이 현종의 손과 발이 되어 개경에서 나주까지 언제나 현종을 호종하였다.

한편 요나라 성종은 고려의 수도 개경에 입성했다. 하지만 고려의 왕이 없던 터라 수도 함락은 아무 의미가 없었다. 화가 난 요나라 성종 은 개경을 불바다로 만들고 각종 약탈과 살육을 자행했다.

그 후 현종을 잡으려고 더 밑으로 내려가려고 하는 찰나 고려의 하 공진이 개경으로 찾아왔다. 하공진은 요나라 성종에게 이미 고려 왕은 남쪽 끝까지 내려갔기 때문에 추격해 봤자 지치기만 할 것이며, 그만 본국으로 철수한다면 요나라 측 요구를 모두 들어줄 것이고 고려 왕이 직접 요나라를 방문하겠다고 약속했다. 물론 시간을 끌기 위한 거짓 약속이었다. 약속이 진실인지 거짓인지는 중요하지 않았다. 요나라군 도 지칠 대로 지쳐서 더 이상 진군이 힘들었다.

심지어 12월에서 1월 사이의 추위는 혹독했다. 결정적으로 배후에 고려군을 너무 많이 제쳐두고 온지라 후방이 매우 불안했다. 요나라 성종은 하공진을 인질로 데리고 개경을 나와 본국으로 철수 지시를 내 렸다. 다시 돌아 올라가기까지 추위와 배고픔에 수많은 요나라군이 희 생됐다. 요나라군의 진정한 공포는 따로 있었다. 강동 6주에서 회군하 는 요나라군을 기다리던 양규의 결사대였다.

홍화진에 남아 있던 양규는 요나라군이 개경으로 내려갔다는 소식 을 접하자 홍화진에서 700 기병 별동대를 데리고 나와 통주성으로 향 했다. 양규는 통주성에서 잔류하던 고려군 1,000명을 더 모아 요나라 군이 함락했던 곽주성을 탈환했다. 이후 약 한 달 조금 안 되게 강동 6 주 부근에 남아 있는 요나라군을 공격하고, 개경에서 북쪽으로 회군하는 요나라 부대를 게릴라 전법으로 괴롭혔다. 귀주성에 있던 김숙흥 장군까지 합류해서 고려인 포로 무려 3만 명을 구출해 냈다.

1011년 1월 회군하던 요나라 성종의 직속 부대가 하필이면 양규와 김숙흥 부대 인근을 지나쳤다. 양규와 김숙흥은 절호의 기회라며 요나라 성종의 목을 치기 위해 고작 1,700명으로 황제 친위대와 싸우다 양규와 김숙흥을 포함한 1,700명의 결사대 전원이 장렬하게 전사했다. 극악의 공포를 느낀 요나라 성종은 겨우겨우 목숨을 부지한 채 국경을 넘었다. 양규는 죽어서 고려의 영웅이 되었으며 현종은 그 후손까지 책임지고 우대했다.

제2차 고려 거란 전쟁은 세 차례의 전쟁 중 가장 희생이 많았던 전투였지만, 나라를 위해 목숨을 바친 영웅의 감동적인 활약이 돋보였던 그리고 향후 고려의 전환점을 만든 현종이 각성하는 계기가 되었다.

제3차 고려 vs 거란 전쟁 : 강감찬의 귀주대첩

제2차 고려 거란 전쟁에서 요나라가 얻어 간 성과는 전혀 없었다. 안타까운 피만 흘렸을 뿐이었다. 전쟁이 끝나면 고려의 현종이 요나라를 찾아가 요나라 황제 성종에게 입조하겠다는 약속도 당연히 지키지 않았다. 요나라가 다시 고려를 쳐들어오리란 건 불 보듯 뻔했다.

2차 전쟁은 고려가 강조의 정변으로 인해 국내 상황이 어수선할 때 갑자기 공격받은 터라 제대로 된 반격을 하기가 힘들었다. 요나라 성종의 무리한 진군과 양규 결사대의 맹렬한 저항이 없었으면, 고려는 정말 위험했다. 하지만 다음은 달랐다. 현종은 강감찬 등을 내세워 철저한 국방 강화책을 마련하였다.

고려 개국 공신 집안 출신인 강감찬은 오늘날 서울 관악구 지역에서 출생했다. 태어날 때 하늘에서 별이 떨어졌다고 하여 강감찬의 출생지를 '낙성대'라고 부른다. 집안도 개국 공신이고 어릴 적 재주도 남달랐지만, 강감찬은 어찌 된 영문인지 오래도록 과거를 보지 않다가 서른여섯이라는 굉장히 늦은 나이에 문과에 장원급제하였다.

수석으로 과거에 합격했음에도 강감찬은 20년 가까이 지방 관직을 전전했다. 강조의 정변이 일어나던 해 1009년 강감찬은 지금의 외교부 차관에 해당하는 예부시랑에 임명되면서 본격적으로 중앙 정부에 진출했다. 왕이 교체되는 대규모 쿠데타가 일어나고도 강감찬이 숙청이나 탄핵당하지 않은 걸 보면 이전까지 강감찬이 그렇게 정치권 핵심부에 연루되지는 않았다고 볼 수 있다.

곧 제2차 고려 거란 전쟁이 발발했다. 강조의 군대가 와해하는 등 고려가 절체절명의 순간에 놓여 있을 때, 강감찬만이 당시 현종에게 잠시 피신한 사이 시간만 벌어 주면 충분히 싸워서 이길 수 있다고 주장했다. 쿠데타로 강제로 추대된 현종이 항복하자는 대세를 거부하고 강감찬의 의견에 따라 수도 개경을 떠나 남쪽으로 피신하기로 한 것을 보면 강감찬을 상당히 신임했던 듯하다.

제2차 고려 거란 전쟁이 끝난 뒤 강감찬은 초고속 승진을 하며 수도 개경에 나성이란 성벽을 두르는 공사 작업을 책임지기도 하였다. 현종은 강감찬을 동북면행영병마사로 임명해 고려의 동해안을 자주 약탈하던 동여진 해적을 소탕시키기도 하였다.

1018년(현종 9년) 현종은 강감찬을 서경유수 겸 내사시랑동내사문하평장사로 임명했다. 강감찬에게 고려의 수도 개경 다음으로 중요했던 서경을 맡겼으며 내사시랑동내사문하평장사는 일종의 부총리였다. 고려의 대내외 업무는 사실상 강감찬이 모두 주관하고 있었다.

그해 12월 고려와 거란의 마지막 최후 전투인 제3차 고려 거란 전쟁이 발발했다. 거란의 침입은 예상된 순서였다. 제2차 고려 거란 전쟁 이후 제3차 고려 거란 전쟁 직전까지 요나라와 고려 국경에선 작은 국지전이 산발적으로 계속 일어나고 있었다. 현종은 그간 강감찬과 함께 철저하게 준비 태세를 갖추고 있었다.

요나라의 사령관은 소배압, 병력은 10만 명이었다. 현종은 강감찬을 서북면행영도통사로 삼은 뒤 상원수에 임명하고, 그리고 2차 거란 전쟁 당시 서경을 지켜 낸 영웅 강민첨을 부원수에 임명했다. 강감찬과 강민첨이 이끄는 고려 군대는 무려 20만으로, 한국 전쟁사에서는 우리가 침략받는 전쟁에 대해서만큼은 항상 우리가 소수의 병력으로 항전했다는 이미지가 강하게 박혀 있고 실제로 대부분의 전쟁이 그렇긴 하지만, 3차 고려 거란 전쟁 때만큼은 고려가 압도적으로 병력이 많았다. 그만큼 거란의 침입을 예상한 현종과 강감찬이 국방에 철저했다.

강감찬의 고려군은 강동 6주로 넘어가 홍화진에서 매복 작전으로 요나라군을 격파했다. 그간은 홍화진 전투에서 강감찬이 수공으로 요나라군을 무찔렀다고 알려져 있었지만, 현재는 사실상 폐기된 주장이다. 애당초 과학이 발달하지 않은 시대에 강에 둑을 설치해 모아 두었다가 터뜨려서 수장시킨다는 전술은 불가능에 가까운 작전이며 세계 전쟁사에서도 그 사례를 쉽게 찾아볼 수가 없다.

첫 전투에서 기세가 크게 꺾인 소배압은 2차 때 요나라 성종과 똑같은 실수를 하는데 후방에 강감찬의 고려군을 그대로 둔 채 개경까지 곧장 진격해 버렸다. 1019년 1월 개경 인근까지 소배압이 도착하자 고려 조정에서는 이번에도 현종의 피난 건이 거론되었다.

하지만 현종은 두 번의 도망은 없다며 개경에서 항전의 의지를 불태웠다. 현종은 이른바 청야 작전을 펼쳤다. 개경 인근의 백성을 전부 개경의 나성 안으로 대피시키고 최대한 식량을 가지고 들어오되 나성 밖 농작지는 전부 불태워 요나라군이 차지하지 못하도록 하였다.

맹추위에 배고픔까지 겹치자 요나라군의 사기가 떨어질 대로 떨어졌고, 이 틈을 타 현종은 기병 100기를 보내 요나라군 정찰대를 야습하는 놀라운 용맹함을 보이기도 하였다.

소배압은 별수 없이 철군 명령을 내렸다. 그렇게 다시 본국으로 귀국하던 소배압의 요나라군은 강동 6주에 주둔하고 있던 강감찬의 고려 주력군을 맞닥뜨렸다. 요나라군이 회군한다는 소식에 강감찬은 전 병력을 강동 6주 중 귀주 들판에 진을 치고 요나라군을 기다리고 있었다.

강감찬의 고려군을 돌파해야 하는 소배압은 고려군의 진영보다 지형이 높은 구릉지대에 진을 쳤다. 상대적으로 고지대를 차지하면 전세를 유리하게 이끌어 갈 수 있기 때문이다. 고려군과 요나라군 사이에는 강이 있었는데 거란군은 고지대를 점하고 있어서 고려군을 도발해서 강을 건너게 한 뒤 일방적으로 화살 세례를 퍼부으면 요나라군에게 승산이 있었다.

하지만 소배압은 크나큰 실책을 던지고 만다. 요나라군이 지치고 수적으로도 열세니 배수진을 치겠다며 요나라군이 강을 건너며 강을 등지고 말았다. 강을 앞에 두고 방어벽으로 삼아야 고려군이 강을 힘들게 건널 때를 이용할 수 있었을 텐데 그 기회를 날려 버렸다.

귀주 들판에서 고려 기병대와 거란 기병대가 먼저 맞붙었다. 그 사이 강감찬이 따로 떼어 놓은 별동대가 강 건너에서 화살로 요나라군 진영의 후방을 공격하였다. 뒤에 강까지 있으니 요나라군은 도망갈 수도 없었다.

그때였다. 느닷없이 눈을 제대로 뜰 수도 없고 몸을 제대로 가누기도 힘들 정도의 돌풍이 불었다. 이 바람이 하필 요나라군 기준에서 역풍이었다. 강감찬의 고려군은 바람을 타고 그대로 요나라군을 덮쳤고 살아서 요나라로 무사히 귀국한 숫자가 1,000명이 안 됐다.

10만이 내려와서 1,000명도 안 되어 돌아갔다. 죽어 넘어진 시체가 들판을 덮고, 사로잡은 군사와 말, 낙타, 갑옷, 투구, 병기는 이루 다 헤아릴 수도 없었다. 요나라 자체도 본인의 역사서에 '우리가 확실하게 졌다'라고 기록한 이 전투가 한국 전쟁사 3대 대첩 중 하나인 '귀주대첩'이다.

귀주대첩의 승리로 끝낸 3차 고려 거란 전쟁을 기점으로 고려 거란 전쟁은 완전한 종지부가 지어졌고, 다시는 요나라가 고려를 침공하지 않았다.

강감찬이 개선하며 돌아오자 고려 현종은 오늘날 황해도 금천군인 영파역까지 마중을 나가 고생한 장군과 병사의 노고를 위로하며 잔치를 베풀었다. 현종이 금화 여덟 가지를 친히 강감찬의 머리에 꽂아 주고, 오른손으로 금술 잔을 들고 왼손으로 강감찬의 손을 잡고는 위로하고 감탄하였다고 한다.

고려가 침입한 거란군보다 두 배에 가까운 병력으로 적군을 맞이했던 것, 한국사의 다른 전쟁과는 다르게 생각보다 위기의 전투가 없었다는 것, 승리의 규모가 엄청났던 것은 강감찬과 현종이 전쟁 전부터 철저히 준비한 덕이었다.

작은 국지전이나 냉랭한 국제 정세를 아무렇지 않은 듯 가볍게 넘기다가 된통 당한 역사가 동서고금 얼마나 많았던가. 강감찬의 귀주대첩은 뛰어난 혜안으로 국방에서만큼은 긴장을 늦추지 않은 태도와 국제 정세를 완벽하리만큼 파악하고 있던 태도가 일구어 낸 성과였다.

완성된 군주 현종 그리고 강감찬과의 필리아

고려의 8대 왕 현종은 고려 왕 중 가장 뛰어난 명군 중 하나로 평가받고 있다. 말 그대로 현종의 삶은 극적이기 그지없었다. 두 남녀의 불륜에서 태어나 본인은 원해 본 적도 없거늘 차기 왕위 계승 서열 1위라는 이유로 이모에게 어릴 때부터 끝도 없이 생명의 위협을 받으며 자랐다. 언제 어떻게 죽임을 당할지 모를 공포에 떨더니 강조의 정변으로 강제로 왕이 되었다.

왕이 되어도 강조의 허수아비에 불과했다. 그런 와중에 정작 이 모든 사단을 낸 강조는 전투 도중 죽고, 차마 왕의 행렬이라고 할 수 없는 최악의 피난길에서 갖은 수모와 고초를 겪어야 했다. 현종의 삶은 피투성이被投性 그 자체였다. 하지만 2차 고려 거란 전쟁 이후 현종은 완전히 다른 사람이 됐다. 비록 그의 운명은 그가 원하지 않았지만, 현종은 그의 앞에 뚝 떨어진 기구한 운명을 그대로 마주하며 그 안에서 해낼 수 있는 최선을 다했다.

현종은 왕족이라는 이유로 남들에게 휘둘리고 죽음의 공포에서 벗어날 수 없는 삶을 살다가 운명을 탓하며 피하려고 하기보다는 차라리 강력한 왕권을 휘두르는 왕이 되기로 결심했다.

3차 고려 거란 전쟁이 벌어지기 전까지 요나라의 침입에 대비하기 위해 국방력을 강화하고, 개경에 나성을 쌓고, 동해안에 출몰하는 동여진 해적을 소탕했다. 실행자는 강감찬이었지만, 결정자는 현종이었다. 그리고 현종은 다양한 제도와 정책으로 강력한 왕권 바탕의 중앙

집권화를 추진했다. 그 대표적인 업적이 지방행정구역제도를 완성한 것이었다.

현종은 전국을 5도와 양계로 나누었다. 일반 행정적 성격을 띠는 5도(서해도, 교주도, 양광도, 전라도, 경상도)에는 '안찰사'라는 지방관을 파견하였다. 각 도 하위 행정 구역으로 주와 군, 현을 설치하여 또 각각의 주, 군, 현에 지방 호족이 아닌 지방관을 파견해 다스리도록 하였다. 기록에 의하면 고려 전국은 520여 개의 군현으로 구성되었고, 그중 130여 개의 군현에만 지방관을 파견하였다고 한다.

양계(북계, 동계)는 국경 지대의 군사적 성격을 띠는 지방행정 구역으로 북계와 동계를 각각 서북면과 동북면이라고 부르기도 했다. 양계에는 안찰사 대신 '병마사'를 파견하여 관리토록 하였다.

6대 왕 성종 대 시행되었던 12목 제도와 도호부 제도도 그대로 유지되었다. 상급 특수 행정 구역인 3경(개경, 서경, 동경), 12목, 4도호부에 각각 파견했던 지방 관직인 유수, 목사, 도호 세 관직은 '계수관'이라고 불렀다.

비록 조선 8도처럼 전국이 행정적 성격을 띠지 않고 '5도 양계'로 이원화되어 조선시대만큼의 완전한 중앙 집권화는 아니었다는 분명한 한계도 있다. 더군다나 말단 행정 단위인 현은 주현과 속현으로 나뉘어 주현까지만 지방관이 파견됐을 뿐 속현까지는 지방관의 손길이 미치지 않았기에 조선시대나 오늘날처럼 모든 지역에 지방관이 있지는 않았다.

더구나 고려시대 지방 행정 제도에는 조선시대나 오늘날에는 이해하기 힘든, 부정적인 의미에서의 특수 행정 구역인 향, 부곡, 소, 장, 처가 존재했다.

향과 부곡은 신라시대부터 내려왔고, 고려시대에는 소, 장, 처가 추가되었는데, 이 지역들은 특수한 목적에 의하여 특정 품목을 생산하는 일종의 기능 도시로 마을의 모든 사람이 오로지 정부가 지정해 주는 생산 과정에 참여해야 했다. 향과 부곡은 특정 농작물을, 소는 특정 물품을 제작하는 수공업 마을이었다. 장과 처는 궁원이나 사원에 소속되어 일정한 세금을 공납해야 했다. 따라서 향, 부곡, 소, 장, 처의 사람은 다른 지역에 비해 조세의 부담이 훨씬 컸으며 거주 이전의 자유도 없었던 지라 신분은 양민이어도 대우는 천민에 가까웠다.

확인된 향, 부곡, 소, 장, 처가 무려 900여 개에 이른다. 속현과 향, 부곡, 소, 장, 처에는 지방관이 파견되지 않는 대신 인근 마을의 향리가 실무를 담당했다.

전체적으로 고려의 지방 행정 제도는 여전히 봉건적이었다. 그러나 호족의 잔존 여파에 따라 지방 분권적 강도가 극심했던 고려 전기에 비해 현종의 지방 행정 제도 정비는 전국이 중앙으로 통합되는 단계를 마련하였다.

2차 고려 거란 전쟁 당시 각 지방에서 왕의 대우를 받지 못하며 지방 호족에게 모욕당한 그때의 기억이 현종의 지방 행정 제도 개혁에 강력하게 영향을 주었다. 지방 향리에 대해서도 호장과 부호장 등 향리의 등급에 따라 공복의 색깔을 구분하기도 하였다. 지방 호족의 기득권을 보장해 주고자 지방 호족의 눈치만 보던 왕건 때와 비교해 보면 큰 발전이었다.

고려의 지방 행정 제도가 중앙 집권화 관점에서 조선보다 미진했다는 해석은 지나치게 조선의 잣대에서 평가한 것이며, 고려의 지방 행정 제도는 고려 나름의 의미가 있었다. 고려사만을 연구하는 박종기의 《새로 쓴 오백년 고려사》(휴머니스트, 2020)에서 고려 사회가 마치 벌집 같은 다원적인 구조로 이루어졌다는 주요한 근거의 하나로 군현과 향, 부곡, 소, 장, 처 같은 특수 행정 조직이 존재한다는 점을 꼽으며, 520여 개의 주현과 속현으로 구성된 군현 영역과 900여 개의 향, 부곡, 소, 장, 처로 구성된 부곡 영역이 벌집 모양으로 공존한, 복합적이고 차별적(계서적)인 고려의 군현 체제는 고려 왕조 사회 구조의 특성이 집약된 모습이라고 밝히고 있다.

지방 행정 제도 개혁에 따라 지방군 편제도 이루어졌다. 본디 고려의 지방군은 3대 왕 정종 때 거란의 침입에 경계하겠다며 지방 호족의 사병이나 다름없던 부대를 나름 지방군으로 편입시키겠다며 '광군'이란 예비군 체제를 만들어 운영되었다. 하지만 지방 호족의 입김이 강력하던 그 시대에 지휘권은 중앙 정부가 아닌 그 지역 호족에게 있었다.

6대 왕 성종은 지방 행정 제도도 완비하지 못해서 군사 제도를 중앙군만 제도화했을 뿐 지방군을 손대지 못했다. 현종은 5도 양계 제도를 원칙으로 양계 지역의 군사적 요충지에는 '진'을 설치하여 진마다 주진군이라는 상비군을 운영했으며, 행정적 성격의 5도 각 현에는 주현군을 설치하여 군적에 등록된 16세~60세 사이 모든 양인 남성을 대상으로 평소에는 생업에 종사하지만, 유사시에 동원되거나 정기적으로 훈련받거나 국가의 공사사업에 노역이 필요할 때 노동력을 징발당하였다.

전시에는 주현군을 빠르게 소집하여 중앙에서 2군 6위의 지휘관 중 일부를 파견하여 지휘토록 하였다. 즉 지방군의 동원과 관리는 향리의 소관이었을지언정 실질적으로 운영하고 지휘하는 명령 통계는 중앙에서 파견한 관리가 쥐고 있었다. 지방군에 대한 지휘권이 중앙 정부로 일원화된 것이다. 3차 고려 거란 전쟁 때도 현종이 20만이나 동원할 수 있던 것도 지방군 편제가 완료됐기에 가능했다.

두 차례의 거대한 전쟁을 거친 현종은 민생 안정책에도 심혈을 기울였다. 1024년(현종 15년) 지배층과 군인의 유가족, 예컨대 전쟁 전사자의 아내에게 토지를 지급해 주는 구분전 제도를 시행했다. 이후 구분전의 지급 대상은 사망한 군인과 관료의 아내는 물론이고 홀로 남겨진 미혼의 여자, 자손 친족이 없는 노병까지 확대되었다.

민심을 위무하고자 현종은 불교를 진흥시키기도 하였다. 전국적으로 많은 사찰을 건립하고 6대 왕 성종 이래 중단되었던 팔관회와 연등회를 부활시켰다. 거란의 침입이 한창이던 때는 《대반야경》, 《화엄경》, 《금광명경》, 《묘법연화경》 등 불경 무려 6,000여 권을 한데 모아 정리하는 대장경 간행 사업을 단행했다. 고려 최초의 목판 대장경을 처음 만들어졌다고 하여 《초조대장경》이라고 한다. 《초조대장경》은 13대 왕 선종 때나 가서야 완성됐으며 대구 부인사에서 보관하였다.

갖은 고생과 경험을 통해 현종은 완성된 군주로 거듭났다. 3차 고려 거란 전쟁 때는 두 번의 도망은 없다며 직접 개경 방어전을 진두지휘하였다. 현종이 고난의 성장 과정을 극복하며 성장할 수 있던 배경에는 현종 개인의 능력도 있었지만, 주변의 도움도 컸다.

특히 강감찬의 존재가 현종에게 각별했다. 태어나자마자 어머니를 여의고 어린 나이에 아버지를 여읜 현종에게 강감찬은 새로운 아버지였다. 3차 고려 거란 전쟁 후 강감찬은 일흔이 넘은 나이에 더 이상 정사를 돌보기가 어려워 사퇴를 요청하자 현종은 안석과 지팡이를 하사하고 사흘에 한 번 출근하라는 혜택을 주며 계속 조정에 남아 주기를 부탁했다.

현종은 강감찬을 국무총리인 문하시중에 임명했고, 강감찬은 그 노년의 나이에도 개경 나성을 보수하고 강화하는 등 공사 책임을 다했으며 현종은 고려의 모든 안정은 강감찬 덕이라는 말을 입이 마르도록 언급했다고 한다.

1031년 안타깝게도 강감찬보다 현종이 먼저 눈을 감았다. 현종이 세상을 떠난 그해 고작 3개월의 차이로 강감찬도 죽었다. 현종이 있었기에 강감찬이 있었고, 강감찬이 있었기에 현종이 있었다. 두 인물의 사망 연도도 동일한 것이 공교로울 뿐이다.

서양의 철학자 아리스토텔레스는 '상대방이 잘되기를 바라는 순수한 마음으로 그러한 바람이 쌍방적이면서도 그러한 상태를 쌍방이 인지하고 있는 품성 상태'를 '필리아philia'라는 철학 용어로 정의했다. 필리아 관계에 있는 상대방은 곧 '또 다른 나'라고 한다. 현종과 강감찬의 사이가 필리아적 관계였다. 현종과 강감찬은 한국사를 통틀어 가장 훈훈하고 휴머니즘적인 관계 중 하나이다.

> 대단하도다. 하늘이 이 백성을 사랑함이여. 국가에 장차 화란이나 패망이 올 때는 반드시 세상에 이름난 현인을 낳아 국가의 화란이나 패망을 위하여 대비하는 것이다. 1009년과 1010년의 해에 역신 강조가 난을 꾸미고 강한 적국이 와서 침략하여 내부의 분쟁과 외적의 화란으로 국운이 위급하게 되었으니, 이때 강감찬이 없었더라면 어떻게 나라를 다스렸을지 알 수 없는 일이다. 공이 조정에 들어와서는 국가의 모의에 참여하고 밖에 나가서는 정벌을 맡아, 화란을 평정하며 삼한을 회복하여 종사와 생민이 길이 힘입게 되었으니, 하늘이 낳아서 이 백성의 화란과 패망을 대비한 이가 아니라면 그

누가 능히 이에 참여하리오. 아아, 성대하도다.

　　　　－《고려사절요》제3권, 현종 원문대왕, 신미 22년(1031년)

2부

수성의 시대

태조, 혜종, 정종, 광종, 경종, 성종, 목종, 현종까지 여덟 명의 왕은 각자
의 방식으로 고려의 국가 질서와 사회를 통합했다. 역시 통합은 오랜 세
월과 각고의 노력이 소요된다. '통합'이라는 고려 전기의 시대적 요구를
마치며 일군 토대는 이제 뿌리내리고 안정화시켜 나가야 했다. 말하자
면 고려 중기는 수성守城의 시대였다.

6

유일했던 태평성대

강대국 고려

1031년 현종의 뒤를 이어 장남 덕종이 9대 왕으로, 1034년 차남 정종이 10대 왕으로 즉위했다. (3대 왕 정종定宗과 10대 왕 정종靖宗은 한자가 다르다) 덕종과 정종은 친형제로 어머니는 원성왕후 김씨이다. 8대 왕 현종이 2차 고려 거란 전쟁 시절 고난의 피난길을 떠날 때 유일하게 현종을 반겨 준 공주 지역 호족 김은부에 대한 감사함의 표시로 혼인했던 김은부의 세 딸 중 맏언니였다.

덕종과 정종은 각자의 치세에서 아버지 현종이 물려준 고려의 태평성세를 계승하여 유지하였다. 1033년(덕종 2년) 덕종은 유소에게 천리장성 축조를 지시했고, 1044년(정종 10년) 약 15년간의 공사 끝에 완공되었다. '고려 장성'이라고도 불리는 천리장성은 강동 6주에서부터 개마고원을 거쳐 함경남도 도련포 바닷가를 잇는 성벽이었다. 아직은 요나라에 대한 경계를 풀지 않고 있었다.

8대 왕 현종 이후 고려의 국제적 위상이 어디까지 높아졌는가는 9대 왕 덕종과 10대 왕 정종 치세에 확연하게 드러났다. 1031년 요나라에서 새로운 황제가 즉위하자 덕종은 황제의 즉위 축하 차 사신단을 보내면서 고려의 포로를 송환해 달라고 요청했다.

요나라에서 고려의 요구를 거절하자 문하시중이었던 서눌(서희의 아들)은 거란이 우리가 청한 말을 듣지 않으니 사신을 보내지 말자며 국교 단절을 강하게 주장하였다. 덕종은 과감하게 요나라와 국교 단절을 선언하고, 요나라 새 황제의 새로운 연호 사용을 거부하였다.

새로운 황제가 들어선 요나라에서는 내부 잡음이 끊이질 않았다. 이 과정에서 요나라인 상당수가 고려로 망명해 왔고, 1033년 요나라군 일부가 강동 6주의 정주를 침공해 오는 소규모 국지전이 벌어지기도 하였다.

덕종의 천리장성 축조사업이 이때의 사건을 계기로 시작했다. 1035년(정종 원년) 요나라는 고려 정부에 통첩을 보내와 덕종 시절 단절한 국교를 회복해 달라고 요구하며 천리장성 축조에 대해서도 불만을 토로했다. 통첩의 문체가 대단히 거만했기에 정종은 다음과 같이 회답하며 사실상 요나라 측 요구를 전부 무시하고 고려 측 요구를 주장하였다.

> 고려는 이미 여러 차례 사신단을 파견했기에 국교 단절이라
> 고 볼 수 없으며, 천리장성 축조는 국가의 필수적인 사업인지
> 라 외국인 요나라에서 왈가왈부할 수 없고, 하루빨리 요나라
> 에 억류되어 있는 포로들을 풀어 주시오.
>
> - 《고려사절요》 제4권, 정종 용혜대왕, 을해 원년(1035년)

심지어 회신의 마지막 구절에서는 다음과 같이 회답하며 조롱하는 듯한 뉘앙스도 풍긴다.

> (요나라 황제께서) 보내온 공문에서 지적한 사항은 아무리 자
> 세히 살펴보아도 그냥 우스개로 한 말인 듯합니다.
>
> - 《고려사절요》 제4권, 정종 용혜대왕, 을해 원년(1035년)

고려 조정의 대단한 자신감이었다. 1037년(정종 3년) 요나라 수군이 압록강을 공격했다는 기사가 있으나 자세한 내용이 없는 것으로 보아 아무 일 없이 소동 정도로 끝난 것으로 보인다. 요나라는 고려의 태도에 괘씸하다 여겼겠지만, 할 수 있는 거라곤 국경 지대에서 겁을 주는 것뿐이었다. 물론 고려 조정은 겁을 먹지 않았지만 말이다.

요나라도 고려를 함부로 공격하거나 이전처럼 대규모 전쟁을 일으

키지 못할 수준으로 고려의 국력과 국제적 위상은 대단했다. 요나라는 천리장성에 대해 더 이상 문제 삼지 않았으며, 점차 고려 사신의 잦은 왕래와 조공을 간곡하게 부탁하는 형식으로 바뀌어 갔다.

'찌는 듯이 무더운 계절을 맞아 나의 안부를 묻는 글을 보내 주니 더욱 그대의 마음을 가상히 여기게 되도다', '돌이켜 보매 부끄러움과 감격을 마음 깊이 느끼게 된다', '표문을 읽어 보고 경의 성의에 탄복을 마지않으며 길이 잊지 않겠노라'처럼 요나라 황제의 말투는 이전에는 상상도 할 수 없었다.

중국의 송나라도 고려의 사신단을 극진히 대우해 주었다. 《고려사》나 《고려사절요》의 덕종~정종 기사에는 동여진과 서여진의 부족장이 고려에 조공을 바치러 온 기록이 셀 수 없을 정도로 많다.

덕종~정종 때에 이르면 만주 지역에서 지난하게 이어져 오던 발해 부흥운동이 모두 종료되었으며, 고려로 발해인이 유입해 왔다는 기록 또한 덕종과 정종 편에 도배되어 있다. 이 시기 고려는 요나라, 송나라와 함께 동아시아에서 3강 구도를 수립할 정도의 위세를 자랑하였다.

문종의 황금기

8대 왕 현종 치세를 기점으로 9대 왕 덕종, 10대 왕 정종으로 이어진 고려의 태평성대는 11대 왕 문종 대에 절정에 이른다. 고려의 500년 역사상 가장 눈부시고 안정된 황금기는 언제였을까?

왕 개인의 역량을 평가한다면 이견이 많지만, 시대 자체만 두고 본다면 고려의 최전성기는 37년이라는 문종의 재위기라고 모두가 입을 모은다. 문종 자체도 명군이었고, 그동안 누적되어 온 고려의 모든 정책과 제도가 꽃을 피운 시대였다.

11대 왕 문종은 8대 왕 현종의 아들이면서 9대 왕 덕종과 10대 왕 정종의 이복동생이었다. 문종의 어머니는 원혜왕후 김씨로, 현종의 피난길에 현종을 도왔던 공주 지역 호족 김은부의 둘째 딸이다. 현종의 세 아들이 모두 왕으로 즉위하였는데, 하나같이 아버지를 닮아 유능했고 그중에서도 문종은 남달랐다. 10대 왕 정종이 아들이 넷이나 있었음에도 동생 문종에게 양위한 것만 보아도 그만한 이유가 있었다.

> (문종은) 어려서부터 총명하고 현철하였으며, 자라서는 학문을 좋아하고 활을 잘 쏘았으며 포부가 넓고 원대하였으며, 너그럽고 어질어서 남을 포용하였고 모든 정사를 한 번 처결한 것은 기억하여 다시는 잊지 않았다.
>
> - 《고려사절요》 제5권, 문종 인효대왕

> 현종, 덕종, 정종, 문종 네 임금은 아버지의 일을 아들이 잇고, 형이 죽으면 아우가 받아서 처음부터 끝까지 거의 80년 동안이나 성대하였다. 문종은 절약과 검소를 몸소 행하였고, 어진 인재를 등용하였으며, 백성을 사랑하여 형벌을 신중히 하였고, 학문을 숭상하고 노인을 공경하였으며, 벼슬은 적임자가

아닌 사람에게는 주지 않았고, 권력은 근시에게 옮겨지지 않아서 비록 가까운 친인척, 외척이라도 공이 없으면 상을 주지 않았고, 총애하는 근신이라도 죄가 있으면 반드시 벌하였다. 심부름하는 환관과 급사給使하는 사람이 십수 명에 불과하였고 내시는 반드시 공과 재능이 있는 자를 뽑아 충당하였으니 20여 명을 넘지 않았다. 꼭 필요하지 않은 관직을 생략하여 일이 간편하였고 비용이 절약되어 나라가 부유해지니 국고가 해마다 쌓여 가고 집마다 넉넉하고 사람마다 풍족하니 당시에 태평이라 일컬었다. 송나라 조정이 매양 포상하는 명을 내렸고, 요는 해마다 왕의 생신을 경축하는 예를 표시하였다. 동으로는 왜가 바다를 건너 보배를 바쳤고, 북으로는 맥貊이 관문을 두드리고 살아갈 터전을 받았다. 그러므로 임완이 말하기를, '우리나라의 어질고 성스러운 임금이시다' 하였다. 다만 경기의 한 고을을 옮기고 절을 지었는데 높은 집은 궁궐보다 사치스럽고 높다란 담은 도성과 짝할 만하며, 황금 탑을 만들고 온갖 시설을 이에 맞추어서 거의 소량(蕭梁)에 견줄 만하였으니, 남의 아름다움을 도와서 이루어 주고자 하는 이들이 탄식하는 줄을 몰랐도다.

－《고려사》권9, 세가9, 문종3, 이제현의 논평

이제현의 논평 중 군이 문종 치세의 아쉬운 점을 꼽은 마지막 대목은 유학자 이제현 관점에서의 평가이기에 객관적이라고 하기 힘들다. 고려는 기본적으로 불교 국가여서 왕권 강화 측면이나 민생적인 측면에서 왕 지시의 사찰 건립은 일반적이었다.

대부분의 유학자는 어떤 왕이더라도 불교 진흥책을 부정적으로 평가하기 나름이다. 물론 문종의 지시로 고려의 수도 개경에 건립된 고려 500년 역사상 최대 규모의 사찰인 흥왕사가 지어지기는 하였다. 공사 기간만 13년이 소요됐으며, 흥왕사에 거주하던 승려는 수천에 이르렀다고 하니 막대한 국고가 투입된 것만은 사실이다.

문종이 팔관회와 연등회도 중요하게 여겼지만 윤경회 등 비리 가득한 기타 불교 행사를 폐지하였으며, 문종 개인적인 생활 자체는 검소하기 그지없었다.

문종은 형식적이나마 귀족과 관료에게 중국의 황제처럼 오등작제를 시행하여 대내적으로는 황제와 동등한 권위를 갖추었다. 사형수에 대해선 세 번의 심사를 거치게 하고 심문관으로 최소 세 명 이상이 참가토록 하여 백성이 억울한 형벌을 받지 않도록 민생에 큰 관심을 기울였다. 아버지 현종 이래 시행되어 오던 지방 행정 제도를 살짝 수정하고 강화하여 현실에 맞게 적용했다.

이때 새롭게 부상한 도시가 있었으니 바로 오늘날의 서울, 한양이었다. 기존 고려의 수도 개경, 과거 고구려의 수도이자 북진정책의 전진기지 겸 제2의 수도였던 서경, 마지막 과거 신라의 수도 동경을 3경으로 쳤는데, 문종은 한양을 '남경'으로 승격시켰다. 고려의 수도 개경은 논외로 치고 나머지 서경, 동경, 남경 세 도시를 3경으로 정했다.

고려 전기부터 여러 시행착오를 거쳐 내려오던 전시과 제도도 바야흐로 문종 대에 자리를 잡았다. 관료에게 수조권을 지급해 주는 전시과는 5대 왕 경종 때 시정 전시과로 시작하여 7대 왕 목종 때 개정 전시과로 수정된 바 있었다.

인품의 등급에 따라 전·현직 관료 모두에게 지급되었던 경종의 시정 전시과는 목종의 개정 전시과 때 더 객관적인 기준의 관품에 따라 전·현직 관료에게 지급되었다. 전·현직 관료 모두에게 지급하는 방식이 고려 정부에 점점 부담으로 쌓이자 1076년(문종 30년) 마지막 전시과인 이른바 경정 전시과 때 전직 관료에게 지급하던 관례를 폐지하고 오로지 현직 관료에게만 지급하였다.

훗날 무신정변으로 전시과 제도가 붕괴하기 전까지는 문종 대의 경정 전시과가 큰 변화 없이 이어졌다.

전시과와 별개로 문종 때부터 지급되었던 공음전이라는 특수한 토지 수조권도 있었다. 전시과는 국가에 복무한 관료에게 지급해 주는 일종의 대가성이지만, 공음전은 5품 이상의 고위 관료와 그 일가에게 지급하는 토지의 수조권이었다. 다른 말로 그저 고귀한 집안에서 태어났다는 이유로 국가에서 지급해 주던 토지였던 셈이다. 신분은 별다른 범죄를 일으키지 않으면 세습되기에 공음전도 처벌받아 박탈당하지 않으면 가문 대대로 세습되었다.

5품 이상이라는 혜택의 범위는 다른 제도를 떠올리게도 한다. 6대 왕 성종 때 실시되었던 음서 제도다. 음서는 5품 이상의 관료 가족이 아무런 조건 없이 관료로 진출할 수 있는 제도다. 운 좋게 집안만 잘 만나 태어난다면 아무런 노력 없이도 정치 사회적 권력과 경제적 권력을 모두 누릴 수 있었다. 귀족만의 카르텔이 형성될 수밖에 없었다.

고려에는 더 이상 신라시대의 골품제는 없었지만, 고위 귀족은 끼리끼리의 카르텔을 형성하여 주류 귀족이 아닌 이상 사회의 핵심에 진출할 수가 없었다. 기득권이란 한번 누리면 그것을 공유하기 어려운 법이다. 소수의 귀족이 고려의 권력을 독점했고, 이 권력이 더 많은 곳에 퍼지지 않도록 고려의 주요 귀족은 그들끼리 혼인을 맺거나 혹은 왕족과 혼인 관계를 맺으며 폐쇄적인 문벌을 형성했다.

프로이센의 철학자 헤겔은 역사를 '정正-반反-합合'의 변증법적 과정으로 해석했다. 작용과 반작용의 상호 작용으로 새로운 결과물이 도출되고 이 결과물은 다시 다른 반작용을 일으켜 무한한 과정에서 역사가 진행된다는 것이다.

고려의 건국 집단은 호족이었다. 고려 전기를 거쳐 왕건의 호족 융합책, 광종의 호족 숙청 작업, 경종의 호족 우대 정책, 성종의 유학자 중용, 현종의 중앙집권화 정책 등을 거치며 고려의 지배 세력은 이제 문벌 귀족으로 전환되었다.

　문종은 공음전과 더불어 6품 이하의 하급 관료의 자제들 가운데 관직에 나가지 못한 자에게 토지 17결을 지급하는 한인전을 시행하기도 하였다. 피지배층만 아니면 국가가 기득권을 알아서 챙겨 주는 사회가 고려였으며, 그래서 고려를 귀족 중심의 국가라고 부른다.

　고려를 상징한다고 할 수 있는 고려청자도 문종 때 서서히 발달한 것으로 보인다. 고려청자의 정확한 시작 시점은 알 수가 없지만 10세기 후반에서 11세기 정도로 추정하고 있다. 이미 고려에는 삼국의 도기 기술을 계승한 신라의 도기 문화가 축적되어 있었고, 통일신라부터 바다를 통해 중국의 도자 문화가 전파되고 있었다. 11세기 고려청자의 가마가 전부 중국과 가까운 서해안과 남해안 일대에 집중되고 있는 이유다.

　11세기 고려청자를 통해 한국도 고대의 도기 문화가 중세의 도자 문화로 전환했다. 청자 자체는 중국에서 시작하였으나 고려는 고려만의 개성 어린 고려청자를 만들어 냈다. 그 첫 시작은 차를 마시는 다완 茶碗이었다. 기존에는 중국의 다완을 수입하여 사용했지만, 그 가격이 지나칠 정도로 높았고, 중국은 분열 시기를 겪으면서 생산량이 급격하게 줄어들어 고려는 자체 생산하기 시작했다.

　중국 내부의 환난을 피해 고려로 도망쳐 온 중국인 기술자 집단의 영향도 컸다. 11세기 고려청자의 다완은 낮고 널찍하며 그 굽이 햇무리 같다고 하여 '해무리굽 다완'이라고 부른다. 시간이 지나며 고려 기술자의 흙을 빚고 색깔을 내는 능력도 일취월장하여 해무리굽에서 벗어났으며, 양각 혹은 음각으로 동물이나 꽃무늬를 그려 내는 다완이 제작되었다. 12세기경이 되면 고려청자는 탄생지인 중국의 청자보다 더 아름다운 빛깔을 갖게 된다.

8대 왕 현종의 세 아들이 9~11대 왕을 이은 것처럼 문종의 세 아들도 모두 왕으로 즉위했다.

1083년 문종 사후 장남 순종이 12대 왕으로 즉위했으나 효심이 남달랐던 순종은 아버지 문종이 오늘내일할 때부터 지극히 병간호하다가 순종 자신도 건강이 악화하여 재위 3개월 만에 사망했다.

문종의 둘째 아들 선종이 13대 왕으로 즉위하였고, 약 10년의 치세 동안 고려의 국제적 위상을 유지해 가는 등 외교에 힘쓰며 큰 탈 없이 고려를 이끌었다. 1094년 즉위한 14대 왕 헌종은 선종의 아들이었다. 열한 살이라는 어린 나이에 즉위했지만, 성품이 차분하며 한 번 보고 들은 것은 잊어버리지 않을 정도로 명석했다고 한다.

하지만 헌종은 몸이 허약했고 왕위를 노렸던 헌종의 삼촌이자 문종의 셋째아들 계림공 왕희가 조카를 내쫓고 왕위를 찬탈해 1095년 15대 왕 숙종으로 즉위했다.

해동공자 최충

한 시대의 황금기는 명민한 군주 한 명으로 이룩할 수 있는 것이 아니다. 군주의 업적을 이행해 나가는 유능한 재상이 있기 마련이다. 고려의 황금기라 부르는 문종 치세를 가능하게 했던 재상이 있었으니 바로 최충이었다.

최충은 7대 왕 목종 대에 스무 살의 나이로 과거에 장원 급제하였다. 고려 거란 전쟁에서도 참전한 경험이 있으며, 현종 대는 국가의 공문서를 관리하는 일을, 이후로는 외교 문서를 담당하였다.

덕종~정종 때까지 국가의 주요 요직을 두루 역임했으며 왕건부터 7대 왕 목종 때까지의 실록을 편찬하는 작업에 참여하기도 하였다. 최충은 주로 국가의 외교, 교육, 법령 등을 총괄하였고 문종의 즉위와 함께 문하시중이 되었다.

최충은 관직 생활 내내 과거 시험의 출제자 겸 시험관인 지공거를 수도 없이 담당했다. 학문적으로도 최충은 유학에 통달했었다고 한다. 불교 국가인 고려에서도 중기로 접어들면서 유학의 수준이 높은 경지까지 발전하고 있었다.

최충은 문장 능력이 매우 뛰어났을 진데 전해지는 문집은 없고 시 몇 편만이 전해지고 있다. 기록에는 최충의 '부귀와 공명이 극에 달하였지만, 우아하고 고상함이 속세의 티끌을 벗어던졌으며 시어詩語는 맑고 아름다웠다'고 한다.

최충은 검소한 삶과는 거리가 멀었던 듯하다. 최충의 저택에는 12개의 누대가 있었는데 그 누대에는 진주 같은 보석이 박혀 있고, 주변으로 진기한 꽃과 이상한 풀이 가득했으며 마치 옥황상제가 사는 곳 같아 모습을 형용할 수가 없을 정도로 화려했다.

최충이 호화로운 삶을 누렸다는 생각이 드는데, 이것이 당시 귀족 저택의 가장 일반적인 모습이었다는 기록이 덧붙여 있다. 최충이 유독 호화로웠기보다는 고려 귀족의 평균 생활이 이 정도였으니 고려시대 귀족의 생활이 얼마나 사치스러웠는지를 가늠해 볼 수 있다.

1053년 문종 7년, 최충은 일흔두 살이라는 노년의 나이로 정계에서 은퇴하고자 하였다. 그러나 문종은 최충이 절실히 필요하다며 안석과 지팡이를 내려 주며 은퇴를 고사시키도록 하였다. 하지만 최충의 거듭된 고집에 별수 없이 문종은 최충의 사직을 수용했다.

아이러니하게도 최충의 이름을 역사에 남긴 건 최충이 1053년 사직하고부터였다. 후학을 양성하며 여생을 보내기로 한 최충은 사립학교를 세웠다. 총 9개의 서재로 이루어졌다고 구재학당이라고 불렸으며, 최충의 호를 따와 문헌공도 혹은 시중최공도라고도 불렸다. 9개의 서재는 낙성재, 대중재, 성명재, 경업재, 조도재, 솔성재, 진덕재, 대화재, 대빙재로 모두 유교 용어에서 따왔다.

최충의 구재학당으로 수많은 문하생이 몰려들었고, 전국적으로 엄청난 유학 열풍을 불러일으켰다. 과거 급제자 중 최충의 구재학당을 거치지 않은 자를 찾기가 어려웠다. 구재학당은 최고의 아웃풋을 자랑하던 학원이었다. 세상 사람들은 '제자들을 양성해 낸 중국의 공자'에 빗대며 최충을 '해동공자'라고 부를 정도였다.

최충의 구재학당에서 이토록 많은 과거 급제자를 배출한 배경엔 강사와 학원의 실력이 전부가 아니었다. 광종의 과거 제도에서 이미 전술했듯이, 고려의 과거 제도는 귀족 문화를 부추기는 도구 중 하나였다. 과거 시험의 출제자 겸 시험관인 지공거는 응시자 가운데 자기 제자를 우선으로 합격시켜 주었다. 지공거와 응시자는 좌주座主(스승)와 문생門生(제자)의 관계로 결탁하여 있었고, 하나의 파벌이 형성되어 있었다.

최충은 관직 생활하는 내내 여러 번 지공거를 역임했었다. 그 뜻은 최충이 아무리 정계에서 은퇴했어도 현직 고려 조정의 관료는 최충이 지공거였던 시절 최충이 뽑아 준 응시자가 대부분이었다. 그렇다면 그들이 지공거를 맡았을 때, 응시자가 최충의 구재학당 출신이라면 그 응시자는 사실상 프리패스나 마찬가지였었다. 구재학당 출신의 응시자들이 과거에 쉽게 급제할 수 있었던 건 개인의 학식과 능력이라기보다는 그들만의 카르텔 안에 들어온 덕분이었다.

최충의 구재학당(문헌공도)이 선풍적인 인기를 끌다 보니 그 제자 가운데서도 일부가 각자의 사립학교를 설립하였다. 최충의 구재학당(문헌공도)을 포함해 홍문공도, 광헌공도, 남산도, 서원도, 문충공도, 양신공도, 정경공도, 충평공도, 정헌공도, 서시랑도, 구산도까지 도합 12개의 사립학교를 '사학 12도'라고 한다. 최충의 구재학당(문헌공도) 하나만으로 형성되어 있던 학벌 정계 카르텔이 12배나 커진 셈이다.

이때 사학의 발전과 함께 처지가 난처해진 기관이 있으니 국립고등교육기관인 국자감이었다. 국자감은 파벌 형성과는 다소 거리가 멀었던 순수 학문 교육기관인지라 과거 급제와 관직 진출만을 고려해 본다면 사학 12도에서 수학하는 편이 훨씬 합리적이었다. 이러니 사학의 확장과 더불어 국학을 쇠퇴시키는 결과를 초래했다. 이후 고려 왕들은 여러 가지 방식으로 국자감을 강화하려고 했으나 큰 효과를 보지 못했다.

대각국사 의천

문종은 아들 복이 많았다. 세 아들이 모두 왕위에 오르고, 넷째아들은 고려 불교사에서 아니 한국 불교사에서 큰 획을 그은 대각국사 의천이었다. 대각국사 의천은 열한 살의 나이에 자원하여 출가한 뒤 평생을 승려로 살면서 고려 중기로의 전환점에 맞추어 고려 불교계에도 변화의 바람을 불러일으켰다.

대각국사 의천은 젊은 나이 때부터 불경에 대한 해석력이 매우 높아 국제적으로도 이름을 알렸으며, 요나라 황제도 의천을 초빙하여 설법을 받았다. 요나라 황제는 의천이 고려로 귀국해서도 감사함을 표하고자 여러 차례 선물을 보냈다. 이 덕에 의천의 명성은 더욱 높아졌다.

송나라의 어느 한 승려가 대각국사 의천을 송나라로 초빙하기를 요청했지만, 당시 고려의 왕 13대 선종은 의천이 송나라를 방문하면 행여나 요나라가 문제시하여 국가 분쟁으로 번질까 우려하여 동생 의천의 송나라행을 반대했다. 단순히 평범한 승려가 송나라를 방문하는 정도야 별일 아닐 수 있지만 의천은 왕자이자 고려 왕의 동생이라는 출신이 걸렸다.

그러나 의천은 송나라 유학을 원했고 형 선종을 속인 채 몰래 송나라로 떠났다. 동생을 이기는 형이 없다고 이미 송나라로 가버린 의천을 지켜 주기 위해 선종은 수행원을 보내 주기도 하였다. 시간이 흐른 뒤 선종은 동생 의천에게 이제 그만 귀국하라는 연락을 취하자 대각국사 의천은 송나라 유학을 끝마치고 비로소 고려로 돌아와 본격적인 종파 통합 운동에 나섰다.

고려 전기 불교의 양상은 교종 중심의 교·선종 통합 운동이 진행되고 있었다. 신라는 선종이 흥기하면서 국가가 해체되었는데, 반대로 선종을 바탕으로 성장한 고려는 선종의 종교적 지지를 얻으며 삼국을 통일할 수 있었다.

하지만 삼국통일을 기점으로 단일정부가 된 고려는 선종보다는 교종의 교리가 필요했고, 4대 왕 광종 시절 균여를 내세워 교종 중심으로 교·선종을 통합시켰다. 교종은 다시 왕권 강화에 이바지하는 화엄종과 귀족 중심의 보수적인 법상종으로 나뉘어 있었다. 화엄종 출신의 균여가 활동할 때는 화엄종이 지배적이었지만, 점차 귀족 문화가 진화되면서 법상종의 위세가 커지고 있었다.

특히 고려 중기의 대표적인 문벌 귀족 가문인 인주 이씨 가문에서 법상종을 크게 후원하고 있었다. 선종도 여러 종파로 갈라지고 있었다. 이 모든 종파를 하나로 아우르기 위해 나섰던 인물이 바로 대각국사 의천이었다.

어쩌면 문종이 왕자를 출가시켜 불교계를 왕실 중심의 종파로 일원화하려던 의도였을 수도 있다. 불교 국가였던 고려에서는 불교계의 사회적 입김이 매우 강력했기 때문이다. 대각국사 의천이 송나라 유학후 뿌리내린 절이 다름 아닌 문종 대에 작정하고 건립한 수도 개경의홍왕사이기도 했다. 아니나 다를까 대각국사 의천은 화엄종을 이끌며노골적으로 법상종을 배척했다.

하지만 단순히 '화엄종 vs 법상종'의 구도로 가져가면 확실한 우위를 점하는 것이 어려울 수 있었다. 법상종의 배후에 있는 귀족의 힘을 무시할 수 없기 때문이었다. 그래서 대각국사 의천은 '교관겸수'를 외치며 선종을 끌어들이기로 했다. '교'는 교종에서 중시하는 '가르침', '관'은 선종에서 중시하는 '직관'으로, '교관겸수'란 올바른 불도 수행을 위해선교종의 가르침과 선종의 직관을 모두 닦을 필요가 있다는 이론이다.

대각국사 의천은 화엄종 자체도 문제점이 없지 않다며 지적하다가화엄종과 선종의 여러 종파를 합해 천태종을 창시했다. 천태종은 중국에서 존재해 오던 종파였으나 한반도에서는 큰 주목을 받지 못했다.

그러나 송나라 유학을 다녀온 대각국사 의천은 천태종을 내세우며 화엄종을 중심으로 선종을 통합했다. 선종 승려 상당수가 천태종으로 개종하면서 선종의 입지가 확 줄어들고 대신 천태종은 더욱 거대해져 법상종으로부터 확실한 우위를 점할 수가 있었다.

> 교종을 공부하는 사람은 내적인 것을 버리고 외적인 것만을 구하려는 경향이 강하고, 선종을 공부하는 사람은 외부의 대상을 잊고 내적으로만 깨달으려는 경향이 강하다. 이는 모두 양극단에 치우친 것이므로, 양자를 골고루 갖추어 안팎으로 모두 조화를 이루어야 한다.
>
> ─《대각국사 문집》

홍왕사에 있으면서 대각국사 의천은 교장도감을 설치하고 요나라, 송나라, 일본의 대장경, 그리고 앞서 현종 대에 편찬되었던 고려의 《초조대장경》까지 모두 입수하여 《신편제종교장총록》이라는 장경 목록을 작성했다. 여기에 만족하지 않고 의천은 장경에 대한 주식서까지 모두 모아 4,700여 권의 《속장경》을 간행했다. 기존의 《초조대장경》은 고려에 국한된 불경이었지만, 의천의 《속장경》은 북방의 요나라, 중국의 송나라, 남방의 일본을 아우르는 국제적 규모의 대장경이었다. 그러나 《속장경》은 현재 전해지지 않고 있으며 일부만 다른 불경의 이름으로 파편적으로 전해질 뿐이다.

형인 선종이 죽고 조카 헌종이 14대 왕으로 즉위했을 땐 의천은 잠시 합천의 해인사에 머물러 있다가 형 숙종이 15대 왕으로 즉위하고 개경으로 다시 올라왔다. 1097년(숙종 2년) 숙종은 동생 의천을 위해 개경에 국청사라는 새로운 사찰을 건립했다.

의천은 국청사에서 천태종의 재기를 알리며 더 많은 선종 종파를 천태종으로 통합시켰다. 국청사의 승려 대부분이 과거 선종 출신의 승려였다고 한다. 국청사는 천태종의 본찰이 되었고 그 외 원주의 거돈사, 합천의 영암사, 여주의 고달사, 산청의 지곡사 그리고 정확한 이름을 알 수 없는 절까지 다섯 가지의 사찰이 천태종의 기반 사찰이 되었다.

1101년(숙종 6년) 대각국사 의천은 입적했다. 생전 대각국사 의천의 교·선종 통합 운동 노력이 무색하게끔 대각국사 의천 사후 천태종의 위세는 크게 위축되었고 교·선종은 빠르게 재분열되었다. 의천 사후 불교 종파의 재분열을 고려한다면, 의천이 도모했던 교·선종 통합은 사상 차이를 해결하려던 근본적인 노력이 없었을 뿐 그저 왕족 출신이라는 이유가 가장 크게 작용했음을 알 수 있다.

아버지 문종부터 시작하여 형인 선종과 숙종은 문벌 귀족 가문의 지원을 받는 법상종에 대항하기 위해 왕권 강화의 측면에서 전폭적으로 의천을 밀어 주었다. 의천은 왕실의 힘으로 강제적으로 교·선종을 통합시켰다. 그러다 보니 의천이 입적하자마자 고려의 불교 교단이 재분열될 수밖에 없었다.

애당초 천태종은 법상종을 견제하기 위해 창립되었다. 교종과 선종의 통합 자체가 목적이었다기보단 법상종보다 우위를 점하기 위해 선종을 끌어들인 것이었다.

의천 사후 천태종은 교세가 추락하였고 귀족 중심의 법상종이 다시 흥기하였다. 대각국사 의천의 교·선종 통합 운동은 고려 중기 불교사의 '해프닝' 정도였지만, 《속장경》 간행 등 한국 불교사 전체를 아울러 봤을 때 고려 불교의 수준을 끌어올린 의의만은 인정해야 한다.

대각국사 의천의 생애와 평가를 새긴 대각국사비는 북한의 영통사 터에 한 점, 한국에는 칠곡 선봉사에 한 점과 국립중앙박물관에서 소장 중인 홍왕사대각화상묘지 한 점이 있다.

＊

（문종은）어려서부터 총명하고 현철하였으며,
자라서는 학문 을 좋아하고 활을 잘 쏘았으며 포부가 넓고 원대하였으며,
너그럽고 어질어서 남을 포용하였고
모든 정사를 한 번 처결한 것은 기억하여 다시는 잊지 않았다.

-《고려사절요》제5권, 문종 인효대왕

고려와 조선은 항상 외적의 침략만 받고 막아 낼 것만 같은 이미지가 있지만 꼭 그렇지만도 않다. 고려도 조선도 원정 정벌에 나선 적이 있다. 그중 고려의 첫 원정은 12세기 여진 정벌이었다. 아직 국가를 세우기 이전의 유목 민족은 언제나 한반도 국가의 북쪽 국경지대를 위협해 왔다. 거란족의 요나라가 쇠퇴하는 시점에 맞추어 여진족이 기승을 부리며 고려를 약탈하자 고려는 대대적인 여진 정벌에 나선다.

7

고려의 여진 토벌,
동북 9성 개척의 허와 실

숙종의 왕위 찬탈

잠시 문종 이후 가계를 다시 한번 짚어 보자. 문종의 장남 순종이 12
대 왕으로 즉위했으나 재위 3개월 만에 붕어하고, 차남 선종이 즉위
했다. 1094년 선종 사후 그의 아들이 열한 살이라는 어린 나이에 헌종
으로 즉위했다. 헌종의 어머니 사숙태후가 수렴청정을 통해 섭정을
맡았다.

이때 헌종의 즉위에 강력하게 불만을 품은 왕족이 있었으니, 문종
의 셋째아들이자 헌종의 삼촌인 계림공 왕희였다. 선종이 죽을 무렵
아들은 나이가 어리고 심지어 몸까지 병약했기에 고려 조정 대신은 후

계를 동생 계림공에게 넘겨 주리라 예측하였다.

하지만 선종은 어리고 병약한 아들을 택했다. 헌종은 선종 사망 일 년 전에 부랴부랴 황태자로 책봉되었는데, 선종의 재위 기간 10년 중 마지막 일 년에 아들을 황태자로 삼았다는 것은 그간 동생 계림공 왕희 입장에선 희망을 품을 수 있는 여지가 충분했다.

사숙태후는 계림공 왕희뿐만 아니라 사촌 오빠 이자의의 야망까지도 경계해야 했다. 고려 조정에서는 어리고 병약한 헌종 대신 계림공 왕희를 새로운 왕으로 추대해야 한다는 여론이 팽배했다. 이자의는 최고 권세 가문이었던 인주 이씨의 당주로 겉으로는 계림공 왕희의 역심을 막고 사숙태후와 헌종을 보호하겠다고 했지만, 다른 마음으로는 친여동생 원신공주의 아들인 한산후 왕윤을 새로운 왕으로 추대할 야심을 품고 있었다.

헌종을 보호하려는 사숙태후, 왕위를 노리는 계림공 왕희, 조카를 새로운 왕으로 추대하려는 이자의 세 구도가 부딪친 것이다. 이자의는 헌종에게 계림공 왕희를 견제해야 한다며 옥새 관리를 한산후 왕윤에게 맡기자고 노골적으로 한산후 왕윤을 밀어붙였다. 헌종의 누나 수안택주마저 동생 헌종에게 계림공 왕희를 견제해야 한다고 하니 헌종은 점차 이자의에게 의지하는 경향이 커졌다. 헌종의 누나 수안택주는 맹인으로 태어났는데 점술에 능했다고 한다.

계림공 왕희는 이자의를 가만 놔둘 수 없었다. 1095년 결국 두 사람

사이에서 내전이 일어났다. 누가 먼저 선수를 쳤는지는 기록이 애매하지만, 결과는 계림공 왕희의 승리였다. 이자의와 그 일파는 처형되었고, 한산후 왕윤은 유배형을 받았다. 조정은 완전히 계림공 왕희의 사람으로 채워졌으며 헌종은 자신의 건강을 핑계로 삼촌 계림공 왕희에게 양위하겠다고 발표했다.

그렇게 계림공 왕희가 15대 왕 숙종으로 즉위했다. 사실상 왕위 찬탈이었다. 상왕으로 물러난 헌종은 2년 후 병환을 이기지 못하고 사망했다. 숙부가 조카의 왕위를 찬탈했기에 고려판 '계유정난'이라고도 부른다. 하지만 조선의 수양대군은 세조로 등극한 후 조카를 유배 보낸 끝에 죽였지만, 고려의 숙종은 이미 몸 상태가 매우 안 좋은 조카를 굳이 해코지하지 않았다.

숙종 즉위 후 숙종의 측근이 조정의 주요 재상이 되긴 하였지만, 고려의 문벌 귀족 체제는 아주 뿌리 깊은 것이어서 이자의와 그 일파 몇 명이 처형되어도 인주 이씨의 세력은 여전했다. 그래서 숙종은 문종의 넷째아들이자 동생인 대각국사 의천의 천태종을 지원해 주며 인주 이씨의 후원을 받는 법상종과 대립하도록 한 것이다.

왕위의 정당성 확보를 위해 숙종은 왕권 강화책을 도모했고, 그 덕에 왕권과 인주 이씨 등 문벌 귀족의 권력 사이에 비슷한 힘의 균형이 이루어졌다.

1096년 숙종은 문벌 귀족 간의 공고한 결속력을 약화하고자 6촌 이

내 혼인을 금지했다.

1101년에는 최충의 문헌공도 이후 비대해진 사학 12도를 견제하며 공교육인 국자감의 강화를 목적으로 국자감에 출판부 '서적포'를 신설하여 고려 내 출판하는 모든 서적은 서적포에서 담당하도록 하였다.

1097년 대각국사 의천은 송나라 유학 시절 겪은 경험을 토대로 숙종에게 화폐 주조 건을 제안했다. 송나라에서는 이미 화폐가 퍼지고 있었으며 그 덕에 상업이 증진되고 거래가 훨씬 편리해졌다는 것이었다. 숙종은 대각국사 의천의 제안을 받아들여 1101년 주전도감을 설치하여 이듬해 1102년 '해동통보', '삼한통보'라는 화폐를 발행했다.

고려는 6대 왕 성종 시절 '건원중보'라는 철전 화폐를 실험적으로 주조한 적이 있었으나 제대로 유통되지 못했다. 숙종 대에 이르러 대각국사 의천의 추천에 따라 다시 동전 화폐 유통을 시도해 본 것이었는데, 효과는 미미했다.

대각국사 의천이 다녀왔던 송나라의 경제와 고려의 경제는 구조적으로 판이했다. 송나라는 양쯔강 이남 지역인 강남에 대한 적극적인 개발 덕에 상업이 매우 활성화되어 있던 반면 고려는 아직 농업 중심의 자급자족 체제였던지라 화폐가 보급될 수 있는 사회경제적 토대가 이루어지지 못했다.

고려의 백성은 화폐의 필요성을 인지하지 못했고 오히려 불편함만을 초래했다. 해동통보, 삼한통보와 동시에 주전도감에서는 '활구'라는 이름의 은화를 주조하였다. 활구는 고액 가치의 화폐를 지닌 은화로

모양이 넓은 입과도 같다고 해서 활구라고 불렀으며, 은으로 만든 호리병 같다고 하여 '은병'이라고도 불렀다.

일반적으로 보급하려던 해동통보, 삼한통보와 달리 활구(은병)는 목적 자체가 부자만 거래하는 수단이었기에 사라지지 않고 조선시대 초기까지 이어졌다.

이러한 일련의 왕권 강화책을 추구했음에도 그다지 결과는 만족스럽지 못했다. 문벌 귀족은 6촌 이내의 혼인금지령을 받아들이지 않았으며, 사학 12도의 위세는 여전히 강력했다.

숙종 재위기에 몇 차례 작은 규모의 반란도 나타났는데 그래서인지 숙종은 유독 오늘날의 서울인 남경에 애착을 보였다. 주기적으로 풍수지리학자를 남경으로 보내 그들의 보고에 따라 1104년 남경에 별궁을 짓기도 하였다. 참고로 그 자리가 오늘날의 청와대 자리다. 아마 숙종은 남경 천도까지 생각했던 듯하지만 이루어지지는 못했다.

무엇보다 숙종의 가장 괄목할 만한 업적은 별무반 창설이었다.

윤관의 별무반

여진족은 거란족의 요나라와 고려 사이에 분포하며 고려 개국 때부터 쭉 고려와 연을 맺어 왔다. 원래 그들의 명칭은 '말갈'이었으나 발해 멸망 후 고려가 후삼국을 통일하던 즈음에 '여진'이라는 이름으로 바꾸었다. 여진족은 만주라 불리기도 하는 지역에 넓게 분포하며 거주했기 때문에 그들 중엔 고려에 우호적인 부족도, 적대적인 부족도 있었다.

　대체로 요동 쪽과 압록강 부근에 거주하는 서여진은 친고려적인 성향이, 두만강과 블라디보스토크 부근에 거주하는 동여진은 반고려적인 성향이 짙었다. 서여진은 거란족의 요나라와 가깝고, 동여진은 상대적으로 요나라와 멀리 떨어져 있었기에 요나라의 핍박에 대항하기 위해 서여진은 동여진보다 고려와 좋은 관계를 유지할 수밖에 없었다.

　물론 서여진과 동여진 모두 저마다의 상황에 따라 고려로 망명해 오기도, 알아서 조공을 바치기도, 때로는 고려 국경을 넘어 약탈하기도 하는 등 고려 정부가 항상 신경을 써야 하는 존재였다.

　12세기경 그동안 여진족을 탄압하던 거란족의 요나라도 쇠락의 길로 접어들고 있는 틈을 타 여진족의 부족끼리 합치며 세력은 더 강력해지고 있었다. 하필이면 그 구심점이 그간 고려에 적대적이었던 동여진의 완안부 부족이었다.

　완안부는 오늘날 하얼빈시 완연하蜿蜒河라는 강 근처에 거주하던 부족으로 과거 흑수부 말갈의 후손으로 추정한다. 완안부는 강력한 철기 문화를 발전시키며 우야슈 부족장 때에 이르러 동여진을 거의 전부 통합하다시피 했다. 우야슈가 타 부족을 토벌해 가는 과정에서 1104년 여진인 1,753명이 고려에 귀화했다. 우야슈는 고려에 항복한 배신자를 처단하겠다며 함경도의 정주성을 공격했다.

　정주성 공격은 기존 여진족의 약탈 수준이 아니었다. 엄연히 전쟁이었다. 숙종은 중서문하성의 문하시랑평장사 임간을 동북면병마사로 삼은 뒤 정주성으로 급파했다. 임간은 공에 눈이 멀어 충분히 훈련하지 못한 병사로 무리하게 여진족을 추격하다가 오히려 군사만 잃는 등 피해만 커졌다.

임간은 정주성으로 들어가려고 했으나, 혹시나 정주성의 문을 여는 순간 여진족도 한꺼번에 몰려오지 않을까 하는 우려에 정주성의 성주는 문을 열지 않았다. 꼼짝없이 임간은 도망치지도 못한 채 여진족의 공격에 당하기만을 기다려야 했다. 이때 부대 내 별다른 관직은커녕 계급도 없던 한 사내가 임간에게 찾아와 무기와 갑옷을 입힌 말 한 필만 준다면 본인이 여진족을 막아 보겠다고 했다. 척준경이었다.

척준경은 황해도 곡산 출신으로 그 가문은 주리 집안이었다. 주리란 향리의 일종으로 지방의 각 주에 파견된 지방관을 보좌하는 아전이었다. 중류층에 속하는 향리는 조선시대와 달리 고려시대에 사회적 권위가 매우 높긴 했지만, 향리도 향리 나름이어서 계급 차이가 꽤 컸다.

기록에서는 척준경의 집안이 가난했다고 하는 것으로 보아 척준경의 아버지는 그렇게 잘나가는 주리는 아니었던 것 같다. 열악한 환경에서 자란 척준경은 학문과는 거리가 멀었고 배움이 짧으니 아버지의 뒤를 이어 주리를 세습하지도 못했다.

대신 동네 무뢰배가 큰형님으로 모시며 골목대장을 했다는데, 무슨 사연에서인지 척준경은 한동안 전국을 떠돌다가 어느 한 왕족의 시중을 드는 하인이 되었다고 한다. 이 왕족이 숙종이 되기 전의 계림공 왕희였다.

계림공 왕희가 정변을 통해 마침내 15대 왕 숙종으로 즉위하고는 척준경을 잊지 않고 척준경을 추밀원의 말단 관직 남반으로 등용했다. 추밀원은 궁중 호위와 군기 업무도 하고 있었기 때문에 체격이 장대하고 무예에 특출난 모습을 보였던 척준경에게 비슷한 업무를 맡긴 것으로 보인다.

그리고 1104년 임간을 총사령관으로 하는 여진 정벌군이 조직되었을 때 척준경도 참여하였는데, 임간에게 무기와 갑옷을 입힌 말 한 필을 달라고 부탁한 것으로 보아 부대 내 무기와 말이 없는 비전투요원으로 참전한 것으로 보인다.

임간은 보이지도 않은 신분과 관직의 척준경이 와서 느닷없이 혼자서 여진족을 막아 보겠다고 하자 어차피 당장에 별도리가 없으니 척준경에게 맡겨 보기로 했다. 척준경은 혈혈단신으로 여진족 진영에 뛰어들어 적장 한 명을 베어 버리고 포로 두 명을 데리고 도주했다. 약 100여 기의 기병대가 척준경을 추격하자 척준경은 달리면서 활을 쏴 적장 두 명을 사살했다. 여진족은 절대 혼자서 적진에 쳐들어올 리 없다는 생각에 필시 고려군의 유인이라 생각하여 더 이상 추격하지 않았다.

그러나 고려군의 매복 같은 건 있지도 않았다. 척준경은 추가 지원 없이 혼자 뛰어들어 여진족의 진군을 막아 낸 것이다. 이 덕에 임간과 고려군은 무사히 정주성에 입성할 수 있었다. 임간의 패전 소식을 들은 숙종은 재빨리 지휘관을 임간에서 윤관으로 교체했다.

그런데 윤관이 이끄는 고려군도 여진족과 싸우면서 속수무책으로 당하기만 하였다. 완안부 부족의 여진족은 신나게 함경도 등지의 고려 마을을 약탈하고 돌아갔다. 고려 국경을 넘어 쳐들어온 완안부 부족의 여진족을 내쫓기 위해 숙종이 두 차례에 걸쳐 파견한 이 전투를 고려의 '1차 여진 정벌'이라고 한다. 어디까지나 방어가 목적이었기에 '정벌'이라고 표현하기 애매한 데다 토벌에 실패까지 해 버렸으니 민망하기 그지없는 전투였다.

1차 여진 정벌의 실패로 숙종은 노발대발했다. 지금이야 여진족이 돌아갔지만, 앞으로도 이런 식이면 고려는 계속 여진족에게 약탈당할 수밖에 없었다. 이대로 가만히 있을 수 없던 숙종은 그간 신경을 쏟던 남경 천도에 미련을 버리고 모든 힘을 대여진 정벌군 특수 부대 조직에 쏟아 부었다.

숙종은 여진족과 한 번 싸워 본 윤관을 불러들여 여진족의 전투 양상과 그에 대한 대응책을 질문했다. 윤관이 답하길, 고려군은 보병 위주라 수성전에 유리하지만 대신 기병 중심의 여진족을 토벌하기엔 적합하지 못하다며 여진 토벌이 목적이라면 강력한 기병대의 필요성을 역설했다.

숙종은 윤관의 건의를 받아들여 여진 토벌을 목적으로 기병 중심의 새로운 특수 부대를 창설하니 이름하여 '별무반'이었다. 별무반은 총 12개 군으로 구성되어 있었다. 먼저, 별무반의 핵심이라 할 수 있는 신기군은 기병 전문 부대로 별무반이 신기군을 위해 창설되었다고 해도 과언이 아니며, 신기군에는 귀족의 자제도 다수 참가하였다.

둘째, 신보군은 별무반의 가장 기본이 되는 보병 부대로 피지배층 양민으로 구성되어 있었다. 다음 항마군은 승려로 구성된 부대로 그들의 병과는 전해지지 않지만, 신보군과 같은 보병으로 추정되며, 전투 인력이라기보단 병사의 사기를 담당하는 오늘날의 군종병과 비슷하지 않았을까 한다.

다음은 도탕군으로 정확하진 않으나 돌격 부대로 추정하고 있다. 나머지 여덟 병과 부대는 기병 위주의 여진족과 대항하기 위한 원거리 공격 부대이다. 사궁군, 경궁군, 정노군, 강노군, 대각군은 모두 활을 쏘는 궁병으로 저마다 사용하던 활과 화살의 종류에 따라 각기 다른 병과로 분류되었다. 나머지 병과로는 돌을 던지는 석투군, 불을 이용하는 발화군이 있고 마지막으로 철수鐵水군이 있는데, 그 역할이 전해지지 않는다. 명칭을 봤을 때 철을 가지고 무언가를 하던 부대로 추정만 할 뿐이다.

총 12개의 부대로 구성된 별무반의 규모는 자그마치 17만 명에 육박했다. 한국 역사를 통틀어도 거의 최대 규모였던 정벌군이었다. 고려 중기 군사를 동원할 수 있는 행정력이 이 정도로 발전했다는 뜻이기도 하다.

　12군으로 편성된 17만 명은 혹독한 전투 훈련에 임했고, 숙종은 직접 훈련을 지휘할 정도로 대여진 정벌 전쟁에 타오르는 야욕을 보였다. 다만 숙종 개인적으로는 안타깝게도 별무반의 활약을 보지 못하고 1105년 사망했다. 그의 뒤를 이어 숙종의 아들 예종이 16대 왕으로 즉위했다.

윤관의 동북 9성

16대 왕으로 등극한 예종은 아버지 숙종의 숙원 사업인 여진 정벌을 이어받기로 하였다. 1107년 예종은 17만 별무반의 대여진 정벌을 공표했다. 별무반의 원수는 윤관, 부원수는 오연총이었다. 바야흐로 '2차 여진 정벌'의 막이 오르는 순간이었다.

> 윤관이 (예종에게) 곧 아뢰기를, '신이 일찍이 성고聖考의 밀지를 받들고 또 지금 엄명을 받았으니, 어찌 감히 삼군三軍을 통솔하여 적의 보루를 깨뜨려 우리 강토로 만들어 국치를 씻지 않겠습니까' 하였다.
>
> ─《고려사절요》제7권, 예종 문효대왕 1, 정해 2년(1107년)

　척준경도 별무반에 참여하였다. 척준경은 1차 여진 정벌 당시의 공을 인정받아 정식 군 장수가 되었으나 주변의 시샘과 모함으로 하옥되어 있었다. 옥살이하던 척준경을 풀어 준 사람이 윤관이었다. 그렇게 높은 관직의 계급은 아니었지만, 윤관 덕에 척준경도 이제는 어엿한 군 장수로 2차 여진 정벌에 가담하였다.

개경을 떠난 윤관의 별무반은 동계의 장춘역에 주둔하였다. 윤관은 인근 여진족 부족장에게 고려가 잡은 부족장 두 명을 풀어 줄 테니 장춘역을 방문해서 둘을 인계하고 연회에 참석하라는 통보를 보냈다. 고려 장수의 평화적인 제안에 여진족 부족장 400여 명이 아무런 의심 없이 윤관을 찾았다. 그러나 이 연회는 윤관의 속임수였다.

윤관이 400여 명의 여진족 부족장과 술을 마시던 사이 척준경이 이끄는 병사가 들이닥쳐 400여 명을 모조리 도륙했다. 피의 연회 직후 윤관이 이끄는 17만의 별무반은 그대로 여진족 부락을 습격했다. 부락을 휩쓴 고려군이 최초로 맞닥뜨린 수성전은 석성 전투였다.

고려군은 통역관을 보내 항복을 권유했으나 여진족은 항전의 의지를 다졌고 화살과 돌이 빗발치니 고려군은 감히 접근하지 못했다고 한다.

이때 척준경이 윤관을 찾아와 말하기를,

"제가 일찍이 죄를 범했을 때 장군님이 저를 장사라고 여겨 조정에 청해서 용서받게 하였으니, 오늘이야말로 준경이 목숨을 버려 은혜를 갚을 때입니다."

라며 척준경은 방패를 하나 들고 혼자 석성으로 뛰어들어 추장 두어 명을 일거에 쳐 죽였다. 이때 윤관은 총공격을 퍼부어 석성을 함락시켰다.

  윤관은 별무반을 네 개의 부대로 쪼개어 여진족 부락 곳곳으로 파
견해 여진족을 토벌하고 내쫓았다. 장춘역 피의 사건 후 겨우 한 달 만
에 135개의 촌락을 파괴하고, 3,740명의 수급을 베었으며 1,030명의
포로를 사로잡았다.

  이후 여진족 3,000여 명이 고려에 귀화하였다. 애당초 윤관은 대대
적이고 신속한 정벌을 원했다. 한 달 동안의 정벌 전쟁 결과 동북면 국

경지대에 6개의 성을 신축하고 기존 국경선에서 더 나아가 3개의 성을 새롭게 쌓으니 총 9개의 성을 일컬어 '동북 9성'이라 하였다. 윤관의 동북 9성 개척을 그린 그림이 〈척경입비도〉이다.

기념비적인 정벌이었지만 현재 동북 9성의 정확한 위치를 알 수가 없다. 설만 분분한데 크게 동북 9성의 위치를 제한하려는 식민사관의 입장과 이에 대한 반발로 더 과장하려는 극단적 민족주의 사관의 입장, 그 사이를 절충하려는 입장 등이 있다.

한국의 진취적인 역사를 깎아내리려는 식민사관에서는 동북 9성이 동해안을 끼고 있는 함경남도의 함흥평야라고 주장한다. 일제강점기 당시 이케우치 히로시를 비롯한 아홉 명의 학자가 별다른 근거 없이 사실상 우긴 주장이지만, 주권 없던 시대에 주체적인 연구가 어려웠던 한국에서 해방 후에도 동북 9성의 함흥평야 설이 오랫동안 정설로 굳어져 있었다. 현재는 폐기된 학설이다.

극단적 민족주의자는 동북 9성이 두만강을 넘어 블라디보스토크까지 이르렀다고 주장한다. 조선시대 지리지와 지리서인 《세종실록지리지》와 《동국여지승람》에는 동북 9성 중 하나인 공험진이 두만강 혹은 백두산 북쪽에 있다는 기록이 있기 때문이다. 하지만 《세종실록지리지》와 《동국여지승람》 모두 논리적으로 앞뒤가 맞지 않는 기록들로 인해 100% 신빙할 수는 없다. 북한에서는 두만강 이북 설을 지지한다.

두 학설에 대한 절충론도 여러 가지가 있는데 대체로 함흥평야보다 위, 두만강보다는 아래로 비정한다. 동북 9성 중 함주(함흥)와 길주는 오늘날 함경도의 함흥과 길주로 보고 있으나, 나머지 7성들이 어디인지 정설이 없는 상태다.

윤관은 동북 9성 개척 후 예종에게 사민 정책을 아뢰어 남쪽 지방 백성 수만 명을 강제로 동북면으로 이주시켰다. 아직 동북 9성의 축성 사업이 완료되지 않았고 여진족에 대해서도 완벽하게 통제했다고 장담할 수 없는 시점에서 백성의 사민을 너무 서두르는 게 아니냐는 비판의 목소리도 있었지만, 예종과 윤관은 강행했다.

이뿐만 아니라 장춘역에서의 피의 연회 사건 이후 고려에 대한 여진족의 증오심은 이루 말할 수 없었다. 윤관이 연회를 핑계로 불렀던 부족장이 아무 의심 없이 온 걸 보면 그간 친고려적인 성향의 부족장이었을 것이다. 고려는 그들마저 잔인하게 도륙했다.

아무리 친고려 성향이라고 한들 정벌이 시작되면 고려에 저항할 수 있다는 이유로 피의 연회를 일으킨 모양이지만, 오히려 고려에 등을 돌리는 여진족 부락이 더 많아졌다. 정작 당대 최강 부족이자 고려에 가장 적대적이었던 완안부에는 그다지 큰 피해를 주지 못했다. 그럼에도 윤관의 2차 여진 정벌은 성공적으로 끝나는 줄 알았다.

소드마스터 척준경

아니나 다를까 여진족은 완안부의 우야슈를 구심점으로 모여 1108년 곧바로 반격을 가했다. 완안부의 우야슈도 17만이 되는 고려의 정예

병과 배후의 요나라를 걱정하지 않을 수가 없었다. 망설이던 우야슈에게 동생 아골타가, 겁을 먹는 순간 적은 더 많아지니 차라리 죽기를 각오하고 싸우자며 형을 일갈했다. 동생의 말에 우야슈는 절치부심하여 동북 9성을 탈환하러 떠났다.

예종은 다시금 별무반을 동북 9성에 파견했다. 사령관 윤관과 부사령관 오연총의 직속 부대 8,000명이 가한촌의 좁은 골짜기를 지나치고 있을 때 울창한 숲에 매복해 있던 여진족이 급습했다. 좁은 골짜기에 갇혀 퇴로도 막혀 있고, 부사령관 오연총은 화살에 맞아 죽기 일보 직전이었다. 가한촌 바깥의 고려군 진영에 윤관의 부대가 포위되었다는 소식이 전해졌다.

하지만 이미 골짜기에 갇혔기에 지원을 간들 소용이 없었다. 오히려 포위망에 들어가 죽는 꼴이었다. 이때 척준경이 나서기로 하였는데, 척준경의 동생 척준신이 적의 포위망이 지나치게 견고하다며 헛된 죽음이라고 형을 말렸다. 그러나 척준경은 동생에게,

"너는 늙으신 아버지를 봉양해라, 나는 국가를 구해 의리를 다하겠다."

라는 말을 남기고 날쌘 기병대 10기만 선발하여 가한촌 골짜기로 들어갔다.

고작 열 명으로 척준경은 가한촌 골짜기의 길을 뚫었고, 그 길을 통해 지원군이 도착하여 여진족은 포위를 풀고 도주했다. 윤관과 오연총은 거우 목숨을 부지할 수 있었지만 8,000명 중 살아남은 숫자는 열 명

남짓이었다. 죽음의 문턱을 넘어선 윤관은 자신을 구하러 와 준 척준경에게 앞으로 자신을 양아버지로 모시라며 척준경의 두 손을 잡고 울음을 터뜨렸다고 한다.

윤관은 영주성에 들어가 수성에 전념하였는데, 여진족 2만이 영주성을 포위했다. 한번 지옥을 경험한 윤관이 나가 싸우려 하지 않고 방어에만 힘을 쏟으려고 하자 척준경은,

"만약 나가 싸우지 않으면 적병은 계속 늘어나고 성안에는 군량이 떨어질 것이며, 만약 구원병이 도착하지 못하면 장차 이를 어찌할 것입니까. 나는 오늘도 나가 죽기를 무릅쓰고 힘껏 싸울 테니 성에 올라가서 지켜봐 주십시오."

라며 결사대를 이끌고 성문을 열고 나가 여진족을 패주시키며 포위를 풀었다. 그러곤 척준경은 북과 피리를 불며 성안으로 돌아왔다.

한편 공험진이라는 곳에서 영주성을 구원하기 위해 고려의 왕자지 장군이 달려오고 있었다. 여진족은 매복하였다가 행군 중인 왕자지 장군의 부대를 덮쳐 그만 왕자지 장군이 고립되고 말았다. 윤관은 척준경에게 그를 구원하라며 군대를 보내 역시 이번에도 왕자지 장군을 구출했다. 전투 도중 왕자지 장군이 말을 잃자, 척준경은 도망치는 여진족을 쫓아가 말 한 필을 뺏어 온 뒤 왕자지 장군에게 주었다.

이후 척준경은 윤관의 지시에 따라 웅주성을 구원하러 갔다. 웅주성은 최홍정 장군이 지키고 있었는데 역시 여진족에게 포위되어 있었

다. 최홍정 장군은 웅주성 내 군사로는 싸우기 역부족이라 여겨 척준경에게 정주성의 구원 요청을 부탁했다.

척준경은 야밤에 해진 옷을 입고 줄에 매달려 성을 내려가 적군을 뚫고 정주성에 무사히 도착하였다. 척준경은 정주성의 병력을 이끌고 웅주성으로 향하던 길에 길주에서 방해하던 여진족을 격퇴하고, 웅주성에 도착하여 웅주성을 구원하였다. 웅주성의 백성은 모두 감격하여 울었다고 한다.

여진족은 다시 한번 영주성을 공격했으나 고려군의 기습으로 물리쳤다. 여진족은 포기를 몰랐다. 여진족은 또 웅주성을 포위하였고, 웅주성은 식량이 고갈되며 위기에 내몰렸다. 부사령관 오연총이 웅주성을 구하러 가는 중 오음지와 사오에서 진을 치고 있던 여진족을 공격해 여진족의 목책을 불태우고, 291명의 수급을 베었다. 오연총은 웅주성에 입성하여 웅주성을 사수하였다.

고려군은 계속 동북 9성을 방어하는 양상이었으나 윤관은 방어만 하다간 고려가 지칠 것이라며 예종에게 더 적극적인 북진을 주장했다. 이번엔 신현 등이 이끄는 고려 수군이 함경도 동해안 일대에서 여진족의 적선을 저지했다. 고려 육군은 더 진군하여 왕자지, 척준경 등이 함주, 영주, 사지령에서 싸워 승리했다.

여진족과의 전쟁에서 승승장구만 하는 듯했지만, 길주에서 여진족의 공격에 유익, 송충, 박회절 등 고위 장수가 전사하는 패전도 있었다. 유익을 비롯한 고려 장수의 전사 소식에 예종은 눈물로 옷깃을 적실 때까지 탄복했다. 여진족과의 격렬한 전쟁은 1109년까지 이어졌다.

1109년의 첫 전투도 함주에서 왕사근, 하경택 등 지휘부가 전사하는 패전으로 시작했다. 상황이 절대적으로 유리한 건 아니니 고려 조정에서는 동북 9성을 여진족에게 반환하자는 의견이 제기되었다. 하지만 그렇다고 불리한 것도 아니기에 아직은 동북 9성 반환은 불가하다는 의견과 부딪혔다.

여진족과 고려군의 전세는 팽팽했다. 1109년 3월 장문위 장군이 숭덕진에서 적의 수급 38급을 베었고, 허재 장군은 길주성 밖에서 적의 수급 30급을 베었다. 동시에 선덕진을 포함해 고려군의 방어가 약한 곳은 여진족의 약탈에 시달렸다.

예종은 다음과 같이 우환을 토로하며,

"요사이 좌우가 군이 청하기에 군사를 일으켜 적을 쳤다. 그러나 지금 적의 무리는 아직 섬멸되지 않아서 우리 강토를 침범하여 우리 백성을 노략질하는데, 장병은 공격과 수비에 지쳐 있다."

여러 차례 사찰을 방문해 기도를 드리고, 사면령을 내리는 등 갖은 방법으로 승전을 빌었다.

5월, 무려 6만여 명의 여진족이 길주성을 포위했다. 여진족도 깨작깨작 싸우기보다 작정하고 동북 9성의 길주성 공격에 혼신의 힘을 붓기로 하였다. 길주성에는 허재, 이관진, 김의원 등이 있었는데, 성내 고려 병력에 비해 여진족의 수가 너무 많았다. 병사와 백성을 다독이고 격려하며 버텨보려 했지만, 식량은 떨어지고 사상자 수는 헤아릴 수 없었다.

길주성을 구원하러 오연총이 나섰다. 오연총의 지원군이 공험진을 지나칠 때 여진족의 방해로 미처 길주성까지 가지 못하고 패주할 수밖에 없었다. 여진족의 적장은 사묘아리였다. 고려에 척준경이 있었다면 여진족에겐 사묘아리가 있었다고 할 정도로 사묘아리 또한 신기에 가까운 무예를 뽐냈다.

여진족 측 기록에 의하면 사묘아리는 지휘하지 못하는 병과가 없었다고 한다. 기병이야 말할 것도 없고 게릴라 전술부터 수군 지휘까지 모든 병과를 지휘한 경험이 있으며, 소위 '곰 같은 장수'라고 묘사되고 있다.

사묘아리는 참전한 전투에서 단 한 번의 패전도 없었다. 공험진 전투뿐 아니라 고려군과 싸우는 전투마다 사묘아리에 돌진해 오는 모든 고려 선봉장은 사묘아리의 창끝에 희생당했다.

훗날 사묘아리는 요나라와의 전쟁에서도 기병 100여 기로 수만의 요나라군을 궤멸시키며 화살 두 발을 맞고도 전쟁을 승리로 이끌었다. 여진족이 송나라를 남쪽으로 몰아낸 전공도 사묘아리였다. 공험신 선투 후 오연총은 자책하며 스스로를 벌해 달라고 장계를 올렸다. 오연총에게 패전의 책임을 물으라는 대신의 상소에 예종은 어쩔 수 없이 오연총을 파직시켰으나 금세 복직시켰다.

오연총의 자신감 없어 하는 모습에 예종은,

"유능한 인재가 아무리 많더라도 겉으로 드러난 모든 것을 따져 가며 꾸짖는다면, 정사를 함께 도모할 사람이 얼마나 있겠는가? 죄가 무겁더라도 본심을 속이지 않는 사람이라면 용서받기도 하는 법이다. 경에 대해 여러 가지 말이 많으나 여태 수고한 것은 모두 기억하고 있다. 그러므로 은총을 내려 옛날의 지위를 회복하는 것이니, 그대를 아끼는 나의 마음을 이해하여 사양하지 말아라."

라며 오연총의 용기를 북돋아 주었다.

하지만 오연총은 예종의 믿음에 보답하지 못하였다. 오연총은 무려 7만의 병사를 이끌고 다시 한번 길주성으로 향하던 중 갈라수라는 강에서 여진족의 군대를 맞닥뜨렸다. 이번에도 여진족 장수는 사묘아리였다. 그러나 해 볼 만한 전투였다. 고려군 7만에 비해 사묘아리의 여진족은 고작 3,000명이었다.

7만 대 3천이 하루 동안 세 번 치열한 격전을 벌였는데, 승자는 사묘아리의 여진족이었다. 고려군의 피해 규모는 전해지지 않지만, 윤관이 급하게 투입되어 오연총의 부대를 호위해 주며 겨우 여진족의 추격을 따돌렸다고 한다.

그렇다면 사묘아리와의 전투에서 척준경은 어디 있었을까? 이상하게도 이때 척준경의 행방을 알려 주는 기록이 없다. 맥락상 척준경도 갈라수 전투에 참여하는 것이 타당하다. 사묘아리와 척준경이 만났다는 기록도 만나지 않았다는 기록도 없어서 두 전설의 드림매치는 역사속 미궁에만 있을 뿐이다.

　두 전설의 드림매치야 어쨌든 갈라수 전투의 결과는 고려군의 치욕스러운 패배였다. 갈라수 전투에서 승리한 사묘아리는 그 길로 타길성을 공격해 타길성을 함락시켰다.

　한편 길주성에는 점차 희망의 불씨가 꺼져가고 있었다.

　129일, 길주성은 무려 129일을 버텼다. 4개월을 넘게 버티니 성벽도 무너질 대로 무너져 있었다. 이때 허재는 마지막 방어라도 해 보자며 군민의 마지막 여력을 끌어내어 성안에 내성을 쌓았다.

　129일의 시간은 여진족에게도 소모적이었나보다. 여진족은 길주성의 성벽을 무너뜨리고 길주성으로 들어갔으나, 하나 더 쌓여 있는 내성을 보더니 지쳐버린 나머지 군대를 물렸고, 길주성은 파괴된 채로 방어에 성공하였다.

　고려와 여진의 대결 결과는 무승부였다. 안 좋은 쪽으로의 무승부였다. 양측의 피해가 극심했다. 동북 9성 반환에 대한 논의가 본격적으로 이루어질 수밖에 없었다.

> 여진은 이미 소굴을 잃자, 맹세코 보복하고자 먼 곳의 뭇 추장을 이끌고 해마다 와서 공격하는데, 속임수와 장기를 쓰지 않는 것이 없었다. 성이 험하고 튼튼하여 쉽게 함락당하지는 않았으나, 싸우고 지키느라 우리 군사의 손실 역시 컸다. 더

구나 개척한 땅이 너무 넓어서, 9성이 서로의 거리가 요원하고, 골짜기와 동네가 깊고 멀어 적은 복병을 매복하여 왕래하는 사람을 노략질함이 잦았다. 국가에서는 여러 방면으로 군사를 징발하니, 중외가 소요한데다 기근·유행병까지 겹쳐 백성의 원망이 드디어 일어났다.

-《고려사절요》제7권, 예종 문효대왕 1, 기축 4년(1109년)

재신과 추신 및 (중략) 문무 3품 이상을 선정전에 모아 9성을 돌려 주는 일을 의논하니, 모두 돌려주는 것이 옳다고 말하였다.

-《고려사절요》제7권, 예종 문효대왕 1, 기축 4년(1109년)

여진족 측에서도 몇 차례에 걸쳐 사신을 보내 강화를 요청하며 전쟁을 끝낼 것을 제안했다. 이제 다시는 여진족이 고려를 침략하지 않고, 고려에 조공하는 조건으로 동북 9성을 여진족에게 반환하고 전쟁을 마무리하자고 말이다.

예종은 받아들이기로 하고 동북 9성을 여진족에게 반환했다. 여진족 부족장은 고려 장수에게 약속을 맹세하고 모두 물러났다. 고려군도 동북 9성에서 모두 철수하였으며 여진족은 신의의 징표로 고려 백성과 병사를 절대 해코지하지 않았고, 철수하는 고려군에 소와 말을 붙여 주어 이동에 도움을 주었다.

윤관의 동북 9성 개척은 성공으로 시작해 실패로 끝났다. 왜 고려는 동북 9성 사수에 실패했을까?

함경도와 두만강 일대의 복잡한 지리에 대한 이해부터 여진족과 고려는 차이가 컸다. 만주와 함경도의 지세는 크게 다르지 않다. 언제나 숲과 산과 강을 터전으로 살아가는 여진족과 따뜻한 남쪽 지역을 가지며 함경도 근방에 관심을 많이 두지 못하는 고려는, 출발선이 다를 수밖에 없었다.

고려는 주특기인 수성전에선 강세를 보였지만, 조금이라도 지세를 활용해야 하는 싸움에서는 속수무책으로 당했다. 윤관은 함경도의 마천령을 목표로 그저 울창한 숲과 험준한 산세를 국경으로 삼는다면 천혜의 요새가 되리라 믿었다. 하지만 울창한 숲과 험준한 산세는 오히려 여진족의 입장에서 천혜의 요새가 되는 꼴이었지만 말이다.

《고려사》는 다음과 같이 기록하고 있다.

여진의 궁한리弓漢里 밖은 산이 잇달아 벽처럼 서 있는데, 작은 길 하나가 겨우 통하니 이 길에 만약 관성關城을 설치하여 작은 길을 막는다면 여진에 대한 근심이 영구히 끊어질 것이라고 하였다. 정작 그 길을 빼앗아 놓고 보니 강과 육지의 도로가 가는 곳마다 뚫려 있어 듣던 바와 아주 판이하였다.

-《고려사절요》제7권, 예종 문효대왕 1, 기축 4년(1109년)

고려가 가지고 있던 지형에 대한 정보와 실재 사이 괴리가 컸음을 알려 주는 대목이다. 몇백 년 후 조선의 세종대왕도 여진 정벌에 나섰다. 세종대왕도 윤관의 여진 정벌을 의식하지 않을 수 없었을 것이다. 모든 분야에 통달했던 세종대왕은 윤관의 여진 정벌을 철저하게 분석했다. 조선의 신하는 세종대왕에게 과거 윤관의 정벌처럼 마천령이라는 산맥까지 진격하면 충분하다고 주장했다.

하지만 세종대왕은 과거 윤관이 동북 9성을 포기한 이유가 산자락을 방어선으로 삼았기 때문이라며, 산에 대한 이해도는 여진족이 훨씬 뛰어나기 때문에 우리가 방어하기 어렵다는 이유로 거절하였다. 그 대안으로 세종대왕은 산이 아닌 차라리 강을 방어선으로 삼고 평야 지대를 사수하면 방어에 훨씬 효율적이고 우리에게 유리할 수 있다며, 압록강과 두만강까지 진격해 국경선을 확정 지었다.

여진 정벌이 모두 끝마치고 2년 후 1111년 윤관을 세상을 떴다. 그리고 여진 정벌 내내 무협 영화에서나 나올법한 전설의 무쌍으로 전적을 알린 척준경은 공을 세울 때마다 관직과 승진을 이어 가며 중서문하성의 실무직에까지 오른다.

체제를 새롭게 만들고 구축하는 작업은 언제나 쉽지 않다. 하지만 한번 체제의 터전을 닦아 놓으면 체제는 알아서 작동하게 되어 있고, 체제로부터 이득을 보는 기득권자가 형성된다. 시간이 더 지나면 체제와 체제로부터 파생되는 기득권자는 변화를 거부하며 고이기 마련이다. 고인 물이 썩듯이 고인 체제는 폐단을 낳는다. 이러한 폐단은 눈에 잘 드러나지 않다가 간단한 불씨 하나를 만나는 순간 손 쓸 수 없이 터져 나온다. 그렇다면 그다음은 새로운 체제의 변화를 모색할 것인가 혹은 기존의 체제를 계속 밀고 나갈 것인가 하는 양자를 택일해야 한다. 고려의 문벌 귀족이 그러했다. 신분제 사회에서 '귀족'이란 신분이 마냥 나쁘다고 할 수만은 없겠지만, 고려의 문벌 귀족은 귀족 앞에 '문벌'이 붙는다. 문벌이란 개념부터 고려의 귀족은 폐쇄적인 체제를 유지하며 그들의 기득권을 절대화한다는 의미가 담겨 있다. 고려 중기 고여 버린 고려 문벌 귀족의 폐단은 '이자겸의 난'과 '묘청의 서경천도운동'이라는 환난을 초래했다.

8

고여버린 사회,
문벌 귀족의 폐단

인주 이씨의 집권

이자겸의 인주 이씨는 고려 중기 가장 위세가 강력했던 문벌 귀족이었다. 고려 왕실에선 왕권 강화를 위해 인주 이씨 집안에서 지원해 주는 불교계 법상종과 대립할 정도였다.

인주 이씨의 집권은 이자연으로부터 시작했다. 11대 왕 문종의 제2비 인예왕후 이씨가 이자연의 딸이었다. 문종의 후궁이었던 인경현비와 인절현비도 인예왕후의 자매로, 이자연은 무려 세 딸을 모두 문종과 결혼시켰다. 이중 인예왕후 이씨의 아들이 모두 12대 왕 순종, 13대 왕 선종, 15대 왕 숙종으로 즉위하면서 이자연은 무려 세 왕의 외할

아버지였다.

　이자연은 때로는 왕의 장인어른으로, 때로는 왕의 외할아버지로 막강한 권세를 누렸다. 이를 기점으로 인주 이씨는 권세를 이어 나가기 위해 고려 왕과 인주 이씨 집안의 여인을 혼인시켰다. 이자연의 아들들은 거의 모두 자기 딸을 왕비 혹은 후궁으로 시집보냈다.

　12대 왕 순종의 후궁 장경궁주는 이자연의 아들 이호의 딸이고, 13대 왕 선종의 왕비 사숙왕후는 이자연의 아들 이석의 딸이다. 13대 왕 선종의 후궁 중 정신현비는 이자연의 조카 이예의 딸, 원신궁주는 이자연의 아들 이정의 딸이었다. 왕실과 중첩적 혼인으로 인주 이씨는 당대 최고 권력을 누리던 문벌 귀족이었다.

　인주 이씨의 권세에 불만을 품은 왕자가 계림공 왕희, 훗날의 숙종이었다. 계림공 왕희도 생모가 인예태후로 이자연의 딸이었다. 13대 왕 선종의 뒤를 이어 나이가 어리고 병약한 헌종이 14대 왕으로 즉위했을 때 섭정하던 사숙태후도 이자연의 손녀였다.

　헌종의 왕권이 불안정하니 조정 대신들이 계림공 왕희를 새로운 왕으로 추대하자고 했지만, 이자연의 손자 이자의는 인주 이씨 가문에 불만을 품던 외사촌 계림공 왕희가 탐탁지 않았다. 그래서 또 다른 외사촌인 한산후 왕윤을 추대하려고 했다가 계림공 왕희에게 패배하였다.

　이자의는 처형됐고, 계림공 왕희가 숙종으로 등극하여 숙종 재위기에는 인주 이씨가 이전만큼의 권세를 누리진 못했다. 인주 이씨가 다시 세력을 회복한 건 숙종의 뒤를 이은 16대 왕 예종 때부터였다.

숙종과 예종 두 부자는 나름의 왕권 강화를 도모하며 왕권과 문벌 귀족 간의 세력 균형이 이루어지고 있었다. 그래서였을까, 예종은 인주 이씨를 크나큰 적대 세력으로 인지하지 않았다. 처형되었던 이자의의 사촌 형제였던 이자겸이 예종의 측근이 되어 접근했고, 예종은 이자겸의 딸 순덕왕후와 혼인했다.

그렇다고 이자겸이 바로 권신이 되었던 것은 아니다. 예종 치세 초중반은 여진 정벌에 모든 신경이 쏠려 있었고, 이자겸과 관련한 특별한 기록은 없다. 아직은 왕권이 안정적이었고 예종은 한안인 등 다른 측근 세력을 키웠기에 이자겸 정도의 권세를 가진 귀족도 더러 있었다.

《고려사》에는 한안인의 위세에 대한 기록도 나오는데, 그의 위세도 남부럽지 않았다.

> 왕의 은총이 점차 깊어지자, 형제와 친척이 모두 연줄을 타고 출세하여 요직을 나누어 맡게 되자 사대부 가운데 권세와 이익을 좇는 자들이 모두 그들(한안인 세력)에게 아부하였다.
>
> -《고려사》 권97, 열전10, 한안인 열전

이자겸의 목표는 옛 인주 이씨의 권세를 전부 회복하는 것이었다. 그러기 위해선 조정 내 이자겸의 일파를 더욱 확장할 필요가 있었다.

이자겸의 레이더에 걸린 이는 여진 정벌에서 대활약한 후 출세의 고공 행진을 하던 척준경이었다. 척준경의 신분은 별 볼 일 없을지언정 척준경의 인기는 쓸 만했다. 척준경과 가깝다는 것만으로도 여론을 규합하기에 충분했다. 이자겸은 제 아들과 척준경의 딸을 혼인시켜 사돈 관계를 맺었다.

1122년 예종의 뒤를 이어 장남 인종이 17대 왕으로 즉위했다. 인종의 등극은 이자겸에게 경사 중의 경사였다. 인종의 모친은 순덕왕후로 이자겸의 딸이었고, 이자겸은 왕의 외할아버지이자 장인이 되었다. 인종이 열 살을 겨우 넘은 어린 나이에 즉위하는 바람에 순덕왕후에서 태후가 된 문경태후의 존재감이 커졌다. 하지만 실상은 문경태후의 배후에 있던 아버지 이자겸의 그림자가 조정을 장악해 가고 있었다. 인종의 두 후궁인 연덕궁주와 복창원주도 모두 이자겸의 딸이었다.

인종이 등극한 그해 1122년 선대왕 예종의 측근으로 권세를 누리던 한안인이 이자겸에 의해 탄핵당한 뒤 유배지에서 살해당했다. 바야흐로 이자겸의 세상이었다.

금나라의 조공 요구

고려와 여진의 관계는 여진 정벌로 끝난 것이 아니었다. 여진 정벌 후 여진족은 빠른 속도로 더 거대해진 조직체를 만들어 갔다. 1113년 고려에 가장 적대적이었던 동여진 완안부의 부족장 우야슈가 죽고, 그의 동생 아골타가 이어받았다. 아골타는 형 우야슈보다 훨씬 더 강력한 리더십과 능력을 보인 부족장이었다.

아골타는 거란족 요나라의 지배를 노골적으로 거부하더니 거의 모든 여진족을 통합하고 1114년부터 본격적인 요나라와 전쟁에 나섰다. 여진족은 고려와 어느 정도 관계를 정립해 두었기에 요나라 전선에만 집중할 수도 있었다. 요나라가 고려에 지원을 요청했을 때 고려는 호응하지 않았다.

이미 오래전부터 내부적으로 무너지던 요나라는 아골타의 여진족을 막아 내지 못했다. 요나라의 몰락이 눈에 보이는 지경에 이르자 아골타는 1115년 '금나라'라는 국호를 선포하고 황제로 등극했다.

중국에 있던 송나라조차 금나라와 연합하여 요나라를 옥죄었다. 요나라는 과거 중국 왕조의 영토였던 연운 16주를 차지하고 있었다. 언제나 연운 16주의 회복을 꿈꾸었던 송나라는 금나라와 함께 요나라를 공격해 만리장성 이북은 전부 금나라의 영토로, 그 이남 연운 16주는 송나라가 차지하자는 동맹을 체결하였다.

금나라는 요나라를 맹공하였지만 정작 송나라는 요나라와의 전투에서 연패를 거듭했다. 1123년 아골타 사후 즉위한 금 태종 오걸매는 요나라의 수도를 함락시켰다. 요나라 황제가 도주하면서 사실상 북방의 패권은 여진족 금나라로 돌아갔다.

북방의 주인으로 거듭난 금 태종 오걸매는 그해 고려 인종에게 서신을 보냈다. 요나라 황제가 도주하고 이제 요나라는 유명무실해졌으니 그간 고려가 요나라 황제에게 조공을 해 왔던 것처럼 금나라 황제에게도 조공을 요구해 왔다. 당장은 고려 조정이 무시했지만, 금나라는 결코 그냥 넘어가지 않았다. 1125년에 금나라의 군대가 요나라 수도로 들어가 요나라 황제를 사로잡고 요나라를 멸망시켰다.

반면 송나라는 여전히 연운 16주로 들어오지 못하자 금나라가 연운 16주까지 차지한 뒤 16개의 주 중에서 6개의 주만 송나라에 건네주었으며, 심지어 연운 16주 다수의 백성을 금나라 내부로 강제 이주시켰다. 6개의 주라도 받은 송나라는 별다른 소득이 없었다. 이에 따라 중국의 대결 구도는 '송나라 vs 요나라'에서 '송나라 vs 금나라'의 구도로 전환되었다.

완전하게 요나라가 멸망한 시점에서 금 태종은 고려 국서를 반환시키는 일이 있었다. 국서에는 고려 왕이 황제에게 보내는 국서 양식이 아니라는 이유에서였다. 금나라의 조공 요구는 고려 조정에서 논란을 빚었다. 조공 자체가 어려운 일은 아니었다. 금나라의 논리대로 그간 고려는 요나라에서 조공해 왔고, 조공 주체를 다른 나라로 옮기는 일이야 왕조 교체가 빈번한 중국사에서 이상하지 않았다.

다만 금나라의 조공 요구는 달랐다. 여진족이 세운 나라라는 정체성이 문제였다. 여진족의 조상 말갈족은 고구려와 발해에 복속되어 있던 이민족이었으며, 고려도 여진족을 그간 오랑캐로 인식했다. 윤관의 여진 정벌을 마무리할 때도 여진족이 고려에 주기적으로 조공을 바친다는 조건을 보장받았다. 조공을 받았던 존재에게 오히려 고려 쪽에서 조공을 바쳐야 한다니 이는 국가의 위상이 걸린 사안이었다.

강대국을 상대로 자존심을 지키는 외교가 부질없어 보이지만, 몇백 년 후 현재의 시점에서 알 수 없는 당대 현장의 분위기가 있는 법이다. 무엇보다 아직 고려는 금나라를 강대국으로 인지하지 않았다. 싸운다면 충분히 싸워 볼 수 있다고도 봤다. 금나라를 벼르던 송나라도 있어 같이 협공한다면야 승산이 없다고 할 수는 없지 않은가.

그렇다고 전쟁을 쉽게 결정할 수도 없었다. 예종 대의 여진 정벌로 고려의 국력이 많이 소진되어 있었으며, 아직 고려의 왕 인종은 나이가 어려 전시에 필요한 카리스마 군주도 아니었다.

고려 조정은 의견이 나뉘었다. 고려의 위상을 생각하여 조공 요구를 받아들일 수 없다는 의견과 불필요한 전쟁을 감수하지 않아도 된다며 조공 요구를 받아들이자는 의견이었다. 조정 다수의 의견은 조공 요구는 불가하다는 쪽이었다. 이때 이자겸만이 나섰다.

> 금나라가 옛날에는 작은 나라로 요나라와 우리나라를 섬겼으나, 지금은 갑자기 중흥하여 이미 요와 송을 멸하였고, 정치를 잘하고 군사가 강하여 날로 강대해지고 있으며, 또 우리나라와 국경이 연접해 있으니, 일의 형세 상 섬기지 않을 수 없으며, 또한 작은 나라가 큰 나라를 섬김은 옛날 어진 왕의 도리이니, 마땅히 사신을 먼저 보내어 방문해야 합니다.

이자겸만은 강하게 조공 요구를 받아들이자고 주장했다. 당시 고려의 상황을 보자면 이자겸이 가장 막강한 권세를 누리기 시작할 때였다. 이자겸이 두려워했던 건 무엇일까? 이자겸이 예종 재위 초반에 나서지 못한 건 국가의 모든 관심이 전쟁에 집중되어 있기 때문이었다.

승패를 떠나 전쟁이 일어나면 국가의 대대적인 변화가 생긴다. 그리고 공을 세우는 이들이 등장할 테고 이자겸을 견제할 수 있는 세력이 형성될 것이다. 이자겸은 자신의 기득권이 흔들릴 것을 우려하여 전쟁을 최대한 꺼리는 방향을 원했다. 어차피 실세 이자겸의 결정대로 가겠지만, 여기에 척준경까지 나서서 이자겸의 의견에 동조했다.

여진 정벌 당시 그토록 활약했던 척준경도 주류에 편입되니 기득권을 놓치고 싶지 않았던 걸까? 향후 척준경의 행보를 보면 척준경은 이자겸만큼이나 권력에 집착하지 않았다. 여진 정벌에 참여했던 주축은 이미 죽거나 은퇴하거나 고려 조정에 남아 있질 않았다. 그 처절한 전장을 겪은 사람은 고려 조정에선 척준경이 유일했다.

전장의 무서움을 몸소 경험해 보지 않은 채 전쟁을 거리낌 없이 입에 올리는 문신이 척준경에겐 허세처럼 보였을 것이다. 전쟁이 얼마나 국력과 사람을 피폐하게 만드는지 누구보다 잘 알았던 척준경도 전쟁을 피하고 싶어 했다.

다수의 의견과 무관하게 두 실세의 주장에 인종은, 이자겸과 척준경의 의견을 받아들이기로 결정하였다. 고려는 공식적으로 금나라와 조공 관계를 맺었다. 고려는 금나라에 사신을 보내,

위대하신 분이 그 위엄이 사방에 퍼트리니 많은 나라가 먼 곳에서부터 금나라로 입조해 오고 있습니다. 하물며 국경을 접한 이웃 나라야 더 각별하게 정성을 바쳐야 마땅합니다. 엎드려 생각건대, 금의 황제 폐하께서는 하늘로부터 받은 영명함으로 나날이 덕업을 선양하시니 폐하의 조령이 내려지면 천하의 만백성이 즐겨 복종하고, 위세를 떨치시면 적국이 감히 거역하지 못할지니 이는 진실로 천지신명의 보호 아래 이룩된 황제 폐하의 극치라 할 수 있는 것입니다. 저는 소국의 지방을 다스리는 덕이 부족한 사람이긴 합니다만 황제 폐하의 비상한 위업을 듣고 이미 오래전부터 존경을 해 왔으니 약소한 예물이나마 충성의 뜻으로 바치고자 합니다. 변변치 못한 공물을 바치는 것이 부끄럽긴 하오나, 크신 은덕으로 받아 주시길 삼가 바라옵니다.

－《고려사절요》제9권, 인종 공효대왕 1, 병오 4년(1126년)

라는 표문을 올리자 금나라 태종은 이렇게 회답하였다.

고려의 왕이 올린 표문을 살펴보고서 고려가 스스로 신하라

일컬으면서 공물을 바쳐온 것을 잘 알았다. 짐이 생각건대, 멸망해야 마땅한 나라는 버리고 존속할 가치가 있는 나라는 지켜 주는 일이야말로 황제의 과제이며, 작은 나라가 큰 나라를 섬기는 것이야말로 나라를 보존하는 상책이다. (중략) 경은 대대로 고려의 왕위를 이어받아 봉토를 다스려 오는 동안 우리 조정을 존숭해 표문을 올렸으며 고려의 토산물을 예의를 갖추어 공물로 바쳤다. 또한 스스로 자신을 신하로 낮추어 불렀으니 모든 것이 완벽했다고 할 수 있다. 짐이 굳이 군대의 무력을 동원하거나 값비싼 물건으로 회유하지 않았어도 고려가 저절로 찾아왔으니 어찌 훌륭하다고 칭찬하지 않겠는가? 이제 짐이 그대를 한 국가의 군왕을 대하듯 대우할 것이니 그대도 신하로서의 의리를 망각하지 말고 세월이 지나도 짐의 말을 항상 명심하라. 이 밖에 구체적으로 시행해야 할 사안이 있으면 그때마다 사신을 보내어 알릴 것이다.

－《고려사절요》 제9권, 인종 공효대왕 1, 병오 4년(1126년)

척준경의 분노

(이자겸은) 자신의 친족을 요직에 배치하고 관작을 팔아 자기 일당을 곳곳에 심어 두었다. 스스로 국공國公에 올라 왕태자와 동등한 예우를 받았으며 그의 생일을 '인수절'이라 부르고

중앙과 지방에서 올리는 축하의 글을 임금과 동등하게 '전'이라 불렀다. 아들들이 다투어 지은 저택은 거리마다 이어 있었으며, 세력이 더욱 뻗치니 뇌물이 공공연하게 오가고 사방에서 선물이 모여들어 늘 수 만근의 고기가 썩어났다. 남의 토지를 강탈하고 종을 풀어 백성의 수레와 말을 빼앗아 자기의 물건을 실어 나르니, 힘없는 백성은 모두 수레를 부수고 소와 말을 팔아 치우느라 도로가 소란스러웠다. 또 '지군국사'가 되려고 왕에게 요청해 자기 집에 와서 책봉하게 했으며 시간까지 강제로 정하였다. 그 일이 이루어지지는 않았으나 그 후로 왕은 이자겸을 몹시 싫어하게 되었다.

－《고려사절요》 제9권, 인종 공효대왕 1, 병오 4년(1126년)

이자겸의 세상은 끝을 몰랐다. 이자겸의 기고만장함을 인종은 더 이상 참지 못했다. 1126년 인종은 측근 장수를 불러 모아 이자겸을 치게 했다. 이들은 먼저 이자겸의 측근과 척준경의 아들 척순, 동생 척준신을 살해했다. 척준경의 부하가 소식을 알렸고 척준경은 강가에 유기된 아들과 동생의 시체를 보고 분노를 터뜨렸다.

반면 이자겸은 전혀 예상치 못한 인종의 선제 공격에 당황해 어찌할 줄을 몰랐다. 오로지 분노에 차 있던 척준경은 본인이 알아서 처리하겠다며 부하 수십 명을 데리고 궁궐로 쳐들어갔다. 당연하게도 궁궐의 문은 굳게 닫혀 있던지라 부하가 성안으로 들어가지 못하고 있었다.

척준경은 맨손으로 궁문의 자물쇠를 부수고 성문을 강제로 열었다. 그러곤 궁궐 안으로 들어가 분노에 찬 사자후를 내뿜자 그 소리가 남문에서 북문까지 닿았고 땅이 흔들렸다. 인종의 뜻에 따라 이자겸의 측근과 척준경의 가족을 살해한 일부가 궁궐에 숨어 있었는데, 고작 척준경의 함성만으로 땅이 요동치자 겁을 먹어 감히 나오지 못했다고 한다.

한편 이자겸은 궁궐이 아닌 개인의 집에 숨어든 인종 측근의 사택을 찾아가 불을 지르고 그 가족까지도 무참히 살해했다. 다음날 척준경은 무기고를 털어 병사를 무장시켰고, 이자겸도 개인 사병처럼 부리던 승병 300여 명을 궁궐로 보내 주었다.

아무리 인종이 먼저 시작한 싸움이었으나 신하가 무장한 병력을 데리고 궁궐 내부로 들어와 무장 시위하는 건 전근대 왕조 국가에서 선을 넘는 행위였다. 하지만 왕 인종은 물론 인종의 측근도 모두 이자겸의 권세와 척준경이 무서워 나서지 못했다.

이제 겨우 열여덟의 젊은 왕 인종은 별다른 무장병력 없이 함성만으로 궁궐의 바닥을 흔들어 놓았던 척준경 앞에 섰다. 인종은 낭랑하게 척준경의 무엄함을 꾸짖었다. 척준경은 간밤에 웬 무리가 살인사건을 일으켰다며 인종의 측근 세력을 비난했다.

척준경은 인종을 보호하는 조치라며 명분을 둘러댔지만, 협박인 것을 알았던 인종은 자신에겐 아무런 일이 없고 안전하다며 해산 명령을

내렸다. 당장은 척준경도 군대를 해산시켰으나 여전히 분이 안 풀렸는
지 거의 곧바로 해산한 병사를 다시 집결시켜서 궁궐 수비대와 싸우며
궁궐 일부를 파괴했다. 그 과정에서 인종 머리 옆으로 화살이 날아오
기도 하였다. 척준경은 궁궐을 방화했는데, 하필 바람이 거세어 불길
은 삽시간에 궁궐로 퍼지더니 왕의 침전까지 불타버렸다.

인종은 궁궐의 후원으로 대피하고 있었는데, 시종하던 이들도 모두
도망가 버린 상태였다. 궁궐이 파괴되고 끝없는 비명이 궁궐을 가득
채우면서 지칠 대로 지쳐 버린 인종은 고민했다. 어떻게 하면 자신과
더불어 자신을 지켜 주는 이들의 안전과 생명을 보존할 수 있을까. 아
무리 생각해 봐도 답은 하나였다. 인종은 이자겸에게 서신을 보내 양
위의 뜻을 보냈다. 그러나 곧바로 수락해 버릴 순 없던 이자겸은 한 번
은 거절했다.

한편 아무리 생각해도 도를 넘어섰다고 여긴 척준경의 무리 일부는
척준경을 배신하고 인종의 호위를 자처했다. 인종은 아직 남은 내시들
을 통해 선왕들의 위패를 모시게 하고, 본인은 호위받으며 무사히 궁
궐을 빠져나가 다른 궁으로 이어 했다.

인종이 다른 궁으로 옮겨갔다는 말에 척준경은 곧바로 그쪽으로 향
하였다. 인종을 지키려던 장수는 척준경의 한 칼에 나가떨어졌다. 인
종의 편을 들거나 왕을 지지했던 왕당파 인사 상당수가 살육당했다.

이자겸도 교묘했던 것이 인종 자체를 건드릴 순 없으니 인종에게

호위하는 신하를 궁궐 밖으로 내보내라고 협박했다. 인종은 그들의 생명을 보장해 준다는 조건으로 그들을 궁궐 밖으로 내보냈으나 궁궐 문을 나오자마자 피살됐다.

이자겸은 인종에게 더 이상의 피를 보고 싶지 않다면 궁궐을 나와 자신의 사택을 방문하라는 마지막 협박문을 보냈다. 인종은 별수 없이 궁궐을 나와 단 세 명의 호종하는 장군을 데리고 갔다. 이자겸의 사택을 방문하자 곧바로 그 세 명 모두 피살됐다.

그중 한 명은 죽기 마지막까지 인종의 옷을 붙잡으며 살려 달라고 애원했다. 그러자 인종은 이자겸에 자비를 베풀라고 소리쳤지만, 이자겸은 듣지 않았다. 인종의 옷을 붙잡으며 애원하던 장군이 끌려가면서 인종의 옷이 찢어지기도 하였다. 엄연히 고려의 왕이지만 그를 호종하는 사람은 아무도 없었고, 옷은 남루하게 찢어져 있었다. 사택에 있던 이자겸과 그의 아들들 그리고 그의 일파는 누구도 인종에게 절을 하지 않았다.

인종은 이자겸 내외와 독대했다. 이자겸은 인종을 어찌 처리할지 고민하는데 이자겸의 아내가 인종에 대한 선처를 부탁했다. 인종은 그래도 두 사람의 사위이고, 그들의 딸이 모두 인종의 왕후 혹은 후궁이었다.

이자겸은 인종을 가택연금 시키기로 한다. 그렇게 약 2개월간 인종은 모든 활동을 제약받은 채 궁궐이 아닌 이자겸의 사택에 갇혀 있었다.

이자겸의 난

인종에게 생각지도 못했던 희망의 빛줄기가 절망의 틈 사이로 들어오고 있었으니, 바로 이자겸과 척준경 사이의 갈등이었다. 사실 언젠가부터 이자겸과 척준경의 관계가 좋지만은 않았다. 출신부터가 달랐던 이자겸은 은연중에 척준경을 무시하는 경향이 더러 있었으며, 척준경도 어느샌가 이 모든 비극과 참상의 원인에 이자겸의 몫도 있다고 봤다. 자신은 아들과 동생을 잃었지만, 이자겸 가족은 인종을 인질로 데리고 떵떵거리고 있지 않은가.

한번은 이자겸 집의 노비가 척준경 집의 노비에게 '너의 주인은 궁궐을 불태우고 왕을 능멸했으니 죽음으로 갚아야 마땅하다'며 욕설을 퍼부었다고 한다. 척준경의 노비가 돌아와서 척준경에게 고하니, 척준경은 억울한 심정으로 이자겸 집에 찾아가,

"전날의 난은 모두 너희가 한 짓인데, 어찌 다만 나의 죄라 하여 죽어야 하느냐?"

라고 역정을 냈다.

인종은 두 사람 사이를 비집고 들어가기로 한다. 인종은 이자겸 몰래 어의를 통해 척준경에게 밀서를 전달했다.

생각건대, 짐이 밝지 못해서 이번에 흉도가 일을 일으키게 만들어 대신에게 근심과 수고를 끼치게 하였으니, 모두 과인의 죄이다. 이로써 몸소 반성하고 허물을 뉘우치며 하늘을 우러

러 마음에 맹세하고, 신민과 더불어 그 덕을 새롭게 할 것을
바라노니, 경은 다시 노력하여 지난 일은 생각하지 말고 마음
을 다해서 보필하여 뒤에는 어려운 일이 생기지 않게 하라.

- 《고려사절요》 제9권, 인종 공효대왕 1, 병오 4년(1126년)

며칠 전까지 있었던 척준경의 행동 모두를 용서한다는 내용이며,
이 편지에는 '우리 공공의 적은 이자겸'이라는 뜻도 담겨 있는 듯하다.

1126년 5월, 2개월 만에 인종은 이자겸의 호위 하에 궁궐로 돌아왔
다. 돌아오고 보니 내시는 전부 물갈이되어 있었다. 인종은 돌아온 날
혼자서 북쪽 동산에 나아가 하늘을 우러러 통곡하였다고 한다.

이때쯤 이상한 예언서가 퍼지고 있었다. 예언의 내용은 '십팔자위
왕', '십팔 자'가 왕이 된다는 내용인데, '십十', '팔八', '자子'는 '이李'의 파자
이다. 이씨 성을 가진 이가 왕이 된다는 뜻으로 누가 봐도 이자겸 측에
서 퍼뜨린 예언이었다. 숨을 죽이고 있던 인종의 측근은 몰래몰래 척
준경에게 접근하고 있었다.

일전에 인종이 보낸 밀서에 척준경은 답서를 주지 않은 상태였다.
고민 끝에 척준경은 어의를 통해 답서를 보냈다.

"충성을 바치겠습니다."

인종과 척준경 사이에 무엇이 오고 가고 있는지 꿈에도 모른 채 이
자겸은 인종에게 양위하라는 무언의 압박을 보내고 있었다. 하지만 인

종은 척준경만 믿으며 묵묵부답으로 일관했다. 이자겸은 최후의 수단을 쓰기로 했다. 바로 인종을 살해하는 것.

이자겸은 인종에게 독이 든 떡을 바쳤는데 내막을 미리 알고 있던 이자겸의 넷째 딸이자 인종의 후궁 복창원주가 양심에 찔렸던지 인종이 떡을 못 먹게 하고 까마귀에게 던져 주었다. 떡을 먹은 까마귀가 죽은 광경을 본 인종은 벌벌 떨 수밖에 없었다.

이자겸은 복창원주에게 독약을 주고 인종에게 반드시 먹이라고 하였으나 이번에도 복창원주는 일부러 넘어지는 척 독약을 쏟아 인종을 구했다. 인종은 이자겸이 자신을 독살하려는 것을 직접 눈으로 확인하고는, 독살이 실패했으니 이자겸이 무슨 짓을 해도 이상하지 않다고 판단해 조속히 척준경을 동원하기로 했다. 이자겸도 인종의 숨통을 확실하게 끊고자 군사를 준비해 궁궐을 칠 준비를 마쳤다.

누가 더 빨랐을까? 이자겸이었을까 척준경이었을까? 안타깝게도 이자겸의 병사였다. 이자겸의 병사를 궁궐을 유린하고 이자겸이 따로 보낸 자객이 인종의 처소에 들어와 인근 내시와 궁인을 살해하고 인종마저 죽이려던 찰나, 문이 부서지고 우레와 같은 함성이 울렸다.

"폐하! 신 준경이 왔사옵니다!"

척준경은 자객을 모조리 죽이고 인종을 빼내었다. 이자겸은 척준경이 배신하리라 전혀 예측하지 못했다.

반면 척준경은 이자겸이 군사를 일으켜 궁궐에 들이닥칠 계획을 이미 알 수 있었다. 다행히도 척준경이 발 빠르게 움직여 주었다. 살짝 늦긴 했어도 척준경은 부하 27명과 인종의 측근이 마련해 준 병력 총 100명 정도를 무기고에서 무장시킨 뒤 궁궐로 들어왔다.

척준경은 인종을 모시며 궁궐을 빠져나가고 순식간에 이자겸의 병사를 진압했다. 척준경은 곧바로 이자겸을 강제 소환한 뒤 이자겸과 처가족을 감금했다. 그리고 척준경은 빠르게 이자겸 일파를 제거했다.

한편 이자겸이 체포된 지도 모르고 이자겸의 아들 이지미가 군대를 이끌고 들어왔으나 곧바로 진압되었다. 사건이 모두 해결되고 인종은 이자겸과 그의 일가족 전원을 먼 곳으로 유배를 보내며 사건을 마무리 지었다.

사형시키지 않은 건 아무래도 아직 귀족을 대우해야 한다는 분위기와 지나치게 큰 피를 내면 또 다른 문벌 귀족이 인종에게 반감을 품을까 두려워 유배 선에서 끝을 냈다. 유배형이 끝이었지만, 이후 다시는 이자겸과 그 일가족이 재집권하는 일은 없었다. 이자겸을 포함한 일가족은 유배지에서 사망했다.

이자겸의 두 딸이었던 인종의 후궁 연덕궁주와 복창원주도 폐위시켰다. 다만 인종을 독살 시도에서 두 번이나 구해 낸 복창원주에겐 토지와 집, 노비를 하사해 여생을 보장했다. 이자겸의 난은 이렇게 끝났다.

이로써 척준경은 엄청난 품계와 작위를 하사받으며 유일무이의 최고 권력자가 되었다. 인종은 척준경을 문하시중, 지금의 국무총리로 임명하려고 했으나 척준경이 거절했다. 그리고 척준경의 인생은 이렇게 멋들어지게 마무리되는 줄 알았다.

이자겸의 난이 있고 이듬해 1127년 정지상이 인종에게 상소문을 올려 지난날 척준경이 궁궐을 방화한 죄를 물어 탄핵을 주청했다. 이에 인종은 척준경을 보호해 주지 않고, 신안의 암태도로 유배를 보내 탄핵했다.

비록 인종은 척준경의 도움으로 목숨도 보장받고 이자겸을 쫓아낼 수 있었지만, 언제 척준경이 다시 배신할지 모르는 일이었으며, 척준경도 몇 번이고 인종을 위협했던 과오를 절대 잊지 않았다. 아이러니하게도 척준경이 마음만 먹으면 군사를 일으켜 자신을 탄핵하려던 정지상과 그 일파를 제거하고, 더 큰 마음을 먹으면 인종도 해코지할 수 있었다. 하지만 척준경도 탄핵 상소에 구태여 저항하지 않고 유배형을 담담히 받아들였다.

이러한 척준경의 태도에 그래도 인종의 마음이 약해졌던 걸까. 인종은 척준경의 유배지를 고향인 황해도 곡산으로 옮겼고, 척준경은 17년간 고향에 살며 고향에서 숨을 거두었다. 왕족의 시중을 들던 하인에서 말단 군인이 되어 고려의 최고 맹장으로 거듭나고 또 최고 권세가까지, 척준경의 인생은 가히 극적이었다.

척준경은 권력 자체에는 집착을 보이지 않았다. 피아가 확실한 적과 싸우기만 하면 되는 전쟁터와는 달리 언제 어떻게 누가 누구의 편이 되고 적이 될지 모르는 정치판은 척준경에게 맞지 않았나 보다. 척준경은 정치라면 이골이 나 있었고, 가족까지 잃으며 권력의 무서움을 몸소 느꼈다. 척준경 입장에서 최선의 마무리를 스스로 선택한 것이다.

인종의 새 출발 : 서경파 육성

이제 인종은 이자겸의 난 이후 혼란스러웠던 고려 조정을 수습해야 했다. 인종은 생명의 위협은 물론 왕씨의 왕조를 자기 대에 끊길 뻔했던 위기를 겨우 모면했다. 이자겸은 제거되었지만, 제2의 이자겸이 나타날 가능성의 싹을 잘라야 했다. 왕권 강화와 더불어 근본적인 개혁이 필요했다. 1127년 인종은 서경을 방문하고 새로운 세상의 포부를 밝혔다.

> 짐이 천지의 큰 명을 받아 조종조의 남기신 기업을 이어받고 삼한을 모두 차지한 지 이제 6년이 되었다. 일을 처리할 지혜가 없고 사리를 감별할 만한 안목이 없어 재변이 서로 잇달아 조금도 편안한 해가 없었다. 작년 2월에 난신적자가 이 틈을 타서 일어났다. 음모가 발각되어 짐은 어쩔 수 없이 모두 법으로 다스렸다. 이로부터 허물을 반성하고 내 몸을 자책하니 부끄러운 일이 많았다. 이제 일관의 건의를 따라 서도(서경)에 행차하여 지난날의 잘못을 깊이 뉘우치고, 새롭게 할 수 있는 가르침이 있기를 기대하여 중앙과 지방에 포고하여 모

두 듣고 알게 하려 하노라.

첫째, 방택(땅의 신에게 제사를 드리는 곳)에서 토지신에게 제
사를 지내어 모든 곳으로부터 기운을 맞아들일 것
둘째, 지방에 관리를 보내어 지방관들의 잘잘못을 조사하여
그를 포상하거나 좌천하게 할 것
셋째, 수레나 복장의 제도를 검약하게 하도록 힘쓸 것
넷째, 쓸데없는 관원과 급하지 않은 사무를 제거할 것
다섯째, 농사일을 권장하여 토지에 힘써 백성의 식량을 풍족
하게 할 것
여섯째, 시종관이 모두 한 사람씩을 천거하여 천거한 사람이
형편없으면 그를 벌할 것
일곱째, 관곡 저축에 힘써서 백성을 구제할 것에 대비할 것
여덟째, 백성에게서 거두어들이는 것에 제도를 세워 일정한
지세와 호세 이외는 함부로 걷지 못하게 할 것
아홉째, 군사를 보살펴 일정한 시기에 훈련을 하는 것 이외에
는 복무하지 말게 할 것
열째, 백성을 보살펴 지방에 정착하게 하여 도망하여 흩어지
지 말게 할 것
열한째, 제위보(빈민구호 및 질병 치료 국가기관)와 대비원(국
가의료기관)에는 저축을 풍족히 하여 질병에 걸린 자를 구제

할 것

열두째, 국고의 묵은 식량을 강제로 빈민에게 나누어 주고 무리하게 그 이자를 받지 못하게 하며, 또 묵고 썩은 곡식을 백성에게 찧으라고 강요하지 말 것

열셋째, 선비를 선발하여 시·부·논을 쓰게 할 것

열넷째, 모든 고을에 학교를 세워 교육을 확충할 것

열다섯째, 산림이나 못에서 생산되는 이익을 백성들이 함께 공유하게 하며 침해하지 말라.

－《고려사절요》제9권, 인종 공효대왕 1, 정미 5년(1127년)

인종의 새 출발을 알리는 조서를 수도 개경이 아닌 서경에서 밝힌 내막이 의미심장하다. 서경에 대한 각별한 애정은 왕건 이래 모든 고려 왕이 보냈다. 그 이유는 대개 개경 귀족의 힘을 누르고 왕권을 드높이려던 목적이었다.

이자겸을 비롯한 문벌 귀족은 수도 개경에 머무르며 기득권을 누리고 있었다. 인종의 아버지였던 16대 왕 예종도 개경에 뿌리내린 개경파 문벌 귀족을 견제하고자 서경을 대단히 중시했다. 예종은 서경에 용덕궁이라는 궁궐을 새로 세웠으며 아들 인종의 태자 책봉도 서경에서 진행하려고 했으나 김부식 등 개경파 문벌 귀족의 반대로 무산되었다.

이자겸의 난 이후 확실하게 개경파 귀족을 누르고자 인종도 여러 번 서경에 행차하며 아버지처럼 서경에 더 큰 힘을 실어 주기로 하였

다. 이때 인종이 만난 승려가 있었으니 묘청이었다.

묘청은 서경 출신의 승려로, 서경에서 일하던 관리 백수한이 묘청을 스승으로 모셨고, 백수한을 통해 묘청을 알게 된 서경 출신의 귀족 정지상이 묘청을 인종에게 소개했다. 음양가의 도술과 풍수지리에 능통했다던 묘청은 이자겸·척준경의 난 때 파괴된 궁궐을 복구하는 과정에서 부쩍 인종과 가까워졌다.

묘청과 정지상 그리고 서경파 귀족은 풍수지리설을 내세우며 인종에게 개경의 운이 다했으며 서경으로 도읍을 옮긴다면, 고려가 앞으로 천수를 누릴 수 있다며 여론을 조성했다. 조정 전체의 분위기가 점차 서경으로 천도하자는 의견으로 기울고 있었다. 서경은 고려 개국부터 고려 제2의 수도였던지라 서경 천도가 이해할 수 없는 사안은 아니었다. 서경 천도는 물론이고 서경파 귀족은 인조에게 묘청과 백수한을 더 중용하라고 거듭 주청했다.

묘청은 성인聖人이고 백수한은 그 다음가는 자이옵니다. 국가의 업무를 일일이 그들에게 자문한 뒤에 시행하고 둘의 요청을 적극적으로 받아들인다면 올바른 정치가 이룩되고 국가를 보존할 수 있을 것입니다.

－《고려사》권127, 열전40, 반역1, 묘청 열전

인종의 뜻에 힘입어 서경파 귀족은 고려 조정을 주도해 가며 묘청과 백수한을 왕의 스승으로 모시라는 서명 운동을 벌이기도 했다. 다만 김부식을 포함한 소수의 개경파 귀족은 서명에 가담하지 않았다.

인종은 여러 차례 서경을 행차하며 묘청과 백수한에게 서경의 풍수지리에 대해 설명을 들으며 묘청과 백수한 그리고 서경파 귀족의 제안에 따라 서경에 대화궁이라는 궁궐 건설을 승인했다.

정지상과 김부식

역사 속에는 흥미진진한 라이벌이 항상 존재한다. 이런 라이벌은 영화처럼 꼭 어릴 적 친구로 시작했다가 사이가 틀어지더니 반드시 둘 중 한 명이 죽어야 끝나는 싸움으로 마무리된다.

고려 말기에 정몽주와 정도전이 있었다면, 고려 중기에는 정지상과 김부식이 있었다. 정지상은 서경 출신의 귀족으로 문학 방면으로 천재적인 능력을 선보였으며, 송나라 사신이 고려 문인의 작품을 비웃을 때 유일하게 찬사를 보냈던 사람이 정지상이었다고 한다. 정지상의 작품 〈송인送人〉은 오늘날 우리나라의 교육과정이 아무리 바뀌어도 국어 교과서에서 절대 빠지지 않는 한국문학사 최고의 걸작으로 손꼽히고 있다.

雨歇長堤草色多
送君南浦動悲歌

大同江水何時盡

別淚年年添綠波

비 갠 긴 언덕에 풀빛 푸르른데

그대를 남포에서 떠나보낸 노래가락은 구슬프기도 하여라

대동강 물이 어찌 다 마르겠는가

이별의 눈물로 해마다 푸른 물결에 더하는데

- <송인>, 정지상

하지만 이상하게도 《고려사》 열전에는 정지상 편이 빠져 있다. 세세한 신하와 간신, 역적까지도 모두 수록한 《고려사》이거늘 정지상의 단독 기사만 다루지 않았다. 그저 '정지상의 초명은 정지원이고, 어려서부터 총명해 시를 잘 짓기로 유명했다' 정도로 짧막하게 묘사될 뿐이다.

정지상의 초기 생애에 관해서 알려진 바가 매우 적고 척준경을 탄핵하면서부터 본격적으로 사서에서 등장한다. 정지상에 대한 평가는 대부분 그의 문학적 능력을 찬탄하는 내용이다. 정지상의 시는 '시어가 맑고 화려하며 운격이 호방하고 빼어나 스스로 일가를 이루었다'고 한다.

정지상의 천재적 문학 능력을 언제나 시기하던 사람이 있었으니 김부식이었다. 김부식은 개경 기반의 문벌 귀족으로 그 역시 뛰어난 문장력으로 이름을 알렸으나, 천재 시인 정지상에게는 밀리기 일쑤였다. 야사에서는 김부식이 시를 쓰자 죽은 정지상의 귀신이 나타나 작품을 보고 비웃었다는 이야기가 있다. 야사의 내용을 모두 사실로 받아들일 순 없지만, 당대 민중과 후대인의 인식을 엿볼 수는 있다.

정지상은 서경 출신이고 김부식은 개경 기반의 경주 김씨 집안이 니 두 사람이 어릴 적 친구였다는 야사의 내용도 믿기는 힘들다. 정지 상과 김부식이 한 스승에게서 배웠으며 스승은 언제나 정지상과 김부 식을 비교했다는 야사의 내용도, 정지상을 라이벌로 인식했다는 김부 식의 열등감을 시사한다고 해석할 수 있다. 실제 정사에서도 김부식은 문장력으로 명성이 비등하다는 것에 늘 불만을 품어 왔다고 한다.

1129년 서경의 대화궁이 완공되었다. 대화궁 건설을 주도한 묘청은 인종에게 하루빨리 서경으로 천도하여 황제를 칭하고 금나라를 멸망시 키자고 주장했다. 정지상 등의 서경파 귀족이 묘청의 주장에 동조했다.

하지만 가만히 있을 개경파 귀족이 아니었다. 한번은 인종이 서경 에 행차했을 때 서경에 있던 중흥사의 탑이 불에 타버리는 일이 있었 다. 개경파 귀족이 이를 문제 삼자 묘청은,

"주상께서 만약 개경에 계셨다면 더 큰 재앙을 만났을 것이오. 다행 히 서경으로 옮겨오셨기에 그나마 재앙이 외부에서 발생하였고 옥체 도 안전한 거요."

라고 변명했다. 정지상은 인종이 서경으로 행차할 때마다 상서로운

기운이 가득하다며 서경을 극찬했다. 그리고 묘청은 서경에서 여러 사찰과 신당을 건립하며 서경 개발에 박차를 가했다.

반면 인종은 더 철저한 준비 끝에 서경으로 천도하자며 급한 모습을 보이지 않았다. 시간이 지나며 묘청은 과한 종교성을 선전하였다. 여러 의식과 각종 기행을 일삼으며 스스로를 신격화하였다.

1134년까지 인종은 서경을 계속 방문하였으며 묘청에게 높은 작위를 하사하기도 하였다. 1134년 인종의 서경 행차 관련하여 《고려사》에는 기묘한 기사가 있는데, 인종이 서경의 대동강에서 연회를 베풀자 돌연 강풍이 불었고, 대화궁으로 들어가자 먼지 폭풍이 일었다고 한다.

개경으로 돌아오고서 얼마 후 대화궁에 벼락이 쳤다. 연이은 흉조에 다급해진 서경파 귀족은 인종에게 서경 천도를 여러 번 건의했지만, 인종은 묵묵부답이었다.

묘청의 서경천도운동

인종의 무응답은 서경 천도에 대해 인종의 마음이 바뀌었다고 받아들일 수밖에 없었다. 고려 조정에서는 개경 기반 귀족을 중심으로 묘청을 내치라는 상소가 올라왔다. 임원애는,

> 묘청과 백수한 등은 멋대로 흉계를 꾸미고 해괴한 언사로 사람의 마음을 현혹했으며 한 두 대신과 주상의 근신도 그 말을 깊이 믿고서 주상의 귀를 어지럽혔습니다. 장차 예측하지 못

할 환란이 생길까 두렵사오니, 묘청과 그 일당을 저자에서 처
형하여 재앙의 싹을 근절하소서.

-《고려사》권127, 열전40, 반역1, 묘청 열전

라고 하였으며 이중과 문공유는,

묘청과 백수한은 모두 요망한 자로 하는 말마다 괴상망측해
그들을 믿을 수 없습니다. 근신인 김안, 정지상, 이중부와 유
개가 결탁해 그들의 심복 노릇을 하며 여러 차례 서로 칭송
하고 천거하면서 묘청을 성인이라고 추켜세웠습니다. 대신
도 덩달아 현혹되었기 때문에 주상께서는 전혀 의심하지 않
고 계십니다. 그러나 올바른 사람과 곧은 선비는 모두 그들
을 원수처럼 미워하고 있으니 속히 물리쳐 멀리하시기를 바
랍니다.

-《고려사》권127, 열전40, 반역1, 묘청 열전

라고 하였다. 초소해신 묘청은 서경에서 무리수를 던지고 만다.

1135년 묘청은 왕명을 참칭하여 조정에서 서경으로 보냈던 개경 귀
족과 서경에 머물고 있던 개경 사람을 모두 구금시키고 인근 지역의
군사를 서경으로 소환시켰다. 묘청은 인종의 허가 없이 연호를 '천개'
로 정하고, 국호 '대위'의 새 정부를 선포해 버렸다. 반란으로 번진 것

이다.

묘청은 서경 대위국의 군대를 '천견충의군'이라 부르고 인종을 모셔와 황제로 추대하겠다며 개경 진격 지시를 내렸다. 소식이 조정에 전해지자 인종은 결코 묘청의 자의적인 행보를 인정할 수가 없다며 반란으로 규정하고, 김부식을 원수로 삼은 토벌군을 조직하였다.

인종은 우선 사자使者 몇 명을 서경으로 파견해 중재토록 하였다. 묘청은 인종이 보낸 사자를 극진히 대우하며 그들을 통해 인종에게 서한을 보냈다. 서한에는 인종에게 서경으로 천도할 것을 다시 한번 간곡히 요청하며, 그렇지 않으면 변고를 멈출 수 없다는 협박투의 내용이었다.

서한의 어투도 어투거니와 감히 신하가 왕을 자신이 있는 곳으로 부른다는 내용을 두고도 조정은 심각하게 문제시했다. 묘청은 다시 서한을 보냈는데, 이 역시 인종이 서경으로 행차만 한다면 전쟁은 끝난다는 협박성 서한이었다.

토벌군의 원수 김부식은 인종에게 출병 명령을 요청했다. 이때 서경파 귀족이었던 김안이 현재 금나라 사신이 고려에 와 있으니 금나라 외교 사안을 먼저 마무리하고 출병시켜도 늦지 않는다며 일부러 지연시켰다.

김안이 출병을 지연시키고 뒤에선 무기를 모은다는 소문이 김부식 귀에 들어가자 김부식은 서경으로 출병하기 전에 조정에 있는 서경파 귀족부터 처리해야 한다고 판단해 재상을 불러 모아,

"서경의 반역은 정지상, 김안, 백수한이 함께 공모한 것이니 이들을 먼저 제거하지 않으면 서경을 평정할 수 없소."

라며 행동에 나서기로 했다. 김부식은 정지상, 김안, 백수한 세 명에게 궁궐로 입궐하라는 연락을 취했다. 세 사람이 궁궐에 들어오자 김부식이 미리 숨겨 놓은 군졸이 그 자리에서 세 사람을 참수했다.

김부식은 라이벌 정지상을 무참히 끝내 버렸다. 김부식은 기타 서경파 귀족을 체포하고 모두 먼 섬으로 유배를 보냈다. 인종은 김부식을 불러 왕실 도끼를 하사하며 출병 명령을 내렸다.

> 군사에 관한 모든 일은 경에 맡기노라. 경의 명령을 이행한 자는 상을 주고 명령에 따르지 않은 자는 벌을 내리라. 경에게 전권을 행사하노라. 그러나 서경 사람도 다 나의 자식이니 괴수는 섬멸하되 신중히 판단하여 살생은 최소화하라.
>
> ―《고려사》권98, 열전11, 김부식 열전

김부식은 군대를 이끌고 서경을 포위했다. 참모진은 김부식에게 속전속결로 끝내자며 신속한 기동과 대규모 공격을 제안했다. 반면 김부식은 서경에서 수년간 방어 시설을 강화했으며 매복의 위험도 있기에 공격에 신중을 가해야 한다며 서경을 타 지역과 차단해 고립시키고, 서경으로 오는 물자를 뺏어서 토벌군 보급품으로 충당하기로 하였다.

김부식은 선전을 통해 서경이 내부적으로 무너져서 스스로 항복하기를 기다렸다. 그간 서경의 묘청이 왕명으로 속여서 타 지역으로부터 군사와 물자를 보급받고 있었는데, 시간이 지나면서 각 고을의 수령도 모두 거짓임을 눈치채 서경에 지원을 중단해 버렸다.

서경에서 큰 전투가 벌어지진 않았지만, 서경의 반란군이 때때로 기습 작전을 펼쳐 중앙 토벌군의 후미를 거듭 공격했다. 이마저도 김부식의 본군이 당도하자 서경에 있던 반란군은 겁을 먹는다.

결국 묘청의 부하 조광이 희망을 보지 못하고 묘청을 살해해 버렸다. 조광은 김부식에게 항복 협상을 제안했다. 김부식은 되도록 항복 협상을 승낙해 주려고 했지만, 개경의 조정에서는 항복 수용이란 없다며 반란군 전체를 토벌하라는 의견으로 모였다. 심지어 조광이 보낸 부하가 하옥까지 되었다.

항복 협상이 결렬되자 조광은 별수 없이 계속 항전할 수밖에 없었다. 확실히 서경과 평양성의 성벽이 견고하고 지세가 험준하여 김부식은 원래 작전대로 서경을 고립시켰다. 어느 정도 시간이 지나 서경 내부가 지칠 때, 김부식은 토산을 쌓고 공성 무기를 내세우며 공격에 나섰다. 김부식은 정예병 1만 명을 뽑아 총공격을 감행해 반란군을 궤멸시켰다. 조광은 일가족과 함께 불구덩이에 뛰어들었다. 1136년 이로써 묘청의 서경천도운동이 완전하게 진압되었다.

묘청의 사건에 대해 '묘청의 난'이라고도, '묘청의 서경천도운동'이라고도 부른다. 비슷한 뜻일 수 있지만 의미는 완전히 다르다. 한쪽은 부정적인, 다른 한쪽은 긍정적인 의미가 담겨 있다. 인종의 허가 없이 제멋대로 국호를 선포하고 군대를 일으킨 행위는 명백한 반란이다.

하지만 황제를 표방하고 금나라와 조공을 단절하여 고려의 자주성을 회복하려던 혁명이었다고 해석하기도 한다. 특히 묘청의 서경천도운동을 아쉬워하던 역사학자가 있었으니, 일제강점기 민족주의 사학자 단재 신채호다.

묘청의 서경천도운동에 대하여 역사가는 단지 왕사가 반란한 적을 친 것으로 알았을 뿐인데, 이는 근시안적인 관찰이다. 그 실상은 낭가와 불교 양가 대 유교의 싸움이며, 국풍파 대 한학파의 싸움이며, 독립당 대 사대당의 싸움이며, 진취 사상 대 보수 사상의 싸움이니, 묘청은 전자의 대표요, 김부식은 후자의 대표였던 것이다. 묘청의 천도운동에서 묘청 등이 패하고 김부식이 이겼으므로 조선사가 사대적, 보수적, 속박적 사상인 유교 사상에 정복되고 말았다. 만약 김부식이 패하고 묘청이 이겼더라면, 조선사가 독립적, 진취적으로 진전하였을 것이니 이것이 어찌 일천년래 제일대사건이라 하지 아니하랴.

- 〈조선 역사상 일천년래 제일대사건〉, 신채호

묘청의 서경천도운동에서 가장 이해가 가지 않는 사람은 인종이다. 이자겸에게 그토록 당했던 인종은 문벌 귀족의 체제를 해체하고자 서경을 개발했다. 묘청을 등용하고 서경과 귀족을 내세워 서경천도운동의 발단을 일으킨 사람은 누가 뭐래도 인종이었다. 그랬던 인종이 마지막에 개경파 귀족의 손을 들어주었다.

대체 무엇 때문에 인종은 마음을 바꿨을까? 묘청의 과잉이 부담스러웠던 것일까? 서경 천도 후 일어난 부작용의 후환이 두려웠던 걸까? 아니면 차라리 개경의 문벌 귀족과 결탁하는 편이 왕권 강화에 더 도움이 된다고 판단했던 걸까? 해석만 무성할 뿐 인종의 진심은 아무도 알 수 없다.

하지만 인종은 왕권 강화를 위한 새로운 세력 육성을 포기하지 않았다. 서경파 귀족을 희망 고문해 놓고선 그들에게 등을 돌린 인종은 묘청의 서경천도운동 이후 근왕 세력의 새로운 파벌을 중용하니 바로 군부였다.

김부식의 《삼국사기》

묘청의 서경천도운동 진압 후 김부식은 오늘날의 국무총리, 문하시중에 임명되었다. 묘청, 정지상 등 서경파 귀족을 마침내 일소한 김부식은 개경 문벌 귀족의 기득권을 공고히 할 수 있을 것이라 자신했다. 그런 그에게 태클을 걸어오는 적대 세력이 있었으니 윤언이였다.

윤언이는 윤관의 아들로 김부식과 같은 개경 문벌 귀족 집안이었으나, 금나라의 외교에 대해 사대주의를 지향했던 김부식과는 다르게 과연 여진 정벌의 주역이었던 아버지처럼 고려는 황제를 칭해야 하며 금나라에 조공을 바치는 외교에 부정적이었다.

윤언이는 비록 개경파이지만 정지상 등 서경파 세력과 어울려 다녔다. 윤언이도 개경 기반이기에 서경 천도 자체는 인정하지 못해 묘청의 서경천도운동 때 화는 피할 수 있었지만, 여전히 김부식과 다른 정치 이념을 가지고 있어 김부식과 부딪혔다.

윤언이와 김부식 사이는 사적으로도 서로 원한이 있었다. 윤언이의 아버지 윤관이 대각국사 의천의 비문을 기록한 바 있는데 영통사의 승려가 비문 내용에 오류가 있다며 수정을 요청한 적이 있었다. 아직 정치 초년생이었던 시절의 김부식에게 업무가 맡겨졌는데, 정치 초년생이라면 정치원로가 쓴 글의 수정 요청을 받아도 거절하는 것이 관례였다. 하지만 김부식은 거절하지 않고 윤관의 비문 내용을 과감하게 수정했고, 윤언이가 이를 매우 불쾌해했다고 한다.

또 한번은 김부식이 국자감에서 《주역》 특강을 위해 교편을 잡았는데 수업 고문으로 참관한 윤언이가 일부러 까탈스럽게 김부식의 강연에 반박하여 김부식에게 모욕을 준 적도 있었다.

이처럼 개인적 관계도 좋지 못한데 윤언이는 묘청, 정지상 등 서경천도론자와 친했다는 죄가 어느 정도는 인정되어 지방 관직으로 좌천되었다. 몇 년 후 윤언이는 장문의 반성문을 상소했고, 인종은 윤언이를 중앙 성부로 복직시켜 주었다.

묘청의 서경천도운동 때 윤언이도 토벌군으로 참여하였다. 그때도 사령관이었던 김부식과 싸우기 일쑤였다. 인종이 윤언이를 중앙 정부로 다시 불러들이자 윤언이와 얼굴도 마주하기 싫었던 김부식이 역으로 인종에게 사직을 요청했다.

인종이 거절해도 김부식이 사직 요청을 반복하자 인종은 그렇다면 삼국시대 역사서 편찬 작업을 해 보지 않겠냐며 책임자 자리를 제안했다. 김부식은 정계에서 물러나는 대신 말년을 역사서 편찬 작업에 매진하겠다며 수락했다.

1145년(인종 23년) 김부식이 편찬한 삼국시대 역사서가《삼국사기三國史記》다. 현존하는 우리나라 최고(最古)의 역사서인《삼국사기》는 작성 자체는 다른 이들이 했겠지만, 전체적인 기획, 편집 등은 김부식이 총괄했다. 엄연히 국가 정부에서 주관한 '정사'다. 삼국의 건국부터 신라의 멸망까지 1000년을 망라하고 있으며 김부식을 포함해 총 11명이 참여했다.

중국의 가장 권위 있는 역사서 사마천의《사기史記》를 본떠 동일한 기전체 양식으로 서술하였다. 기전체 양식이란, 역사서 서술 방식 중 하나로 시간순이 아닌 챕터별로 서술한 방식을 말한다. 5가지 챕터가 기본 구성인데, 황제 혹은 왕의 업적을 연도순으로 기술한 '본기', 왕비나 왕족을 다룬 '세가', 신하들의 일대기 및 평가를 다룬 '열전', 각 국가의 문물, 제도, 풍속 등을 다룬 '지', 마지막으로 '연표'가 있다.

김부식의《삼국사기》는 '세가' 편을 제외한 네 가지 기본 구성으로 '본기' 28권(신라 12권, 고구려 10권, 백제 6권), '열전' 10권, '지' 9권, '연표' 3권 하여 총 50권에 이른다.

김부식은 유교에 심취한 유학자였다. 그래서 묘청의 기행을 더 안좋게 볼 수밖에 없었다. 유학자로서 도덕과 윤리를 매우 중요시했고, 묘청의 서경천도운동을 진압한 뒤 조정의 실세가 되었어도 이자겸 같은 권세가가 되기를 꺼렸다. 김부식이 오히려 원했던 모델은 최충 쪽이었다.

이토록 유교에 정성을 보인 김부식인 만큼 《삼국사기》도 유교적 가치를 중요시하고 그렇지 못한 사건이나 행동에 대해선 부정적으로 해석하는, 유학자의 주관이 많이 투영되어 있다. 대표적인 사례로 삼국시대 이래 계속 내려오던 각종 민담과 설화는 전부 들어냈다.

《삼국사기》에 등장하는 기묘한 현상은 특정 정치적 사건을 은유하는 것일 뿐 주몽과 박혁거세가 알에서 나왔다느니, 누군가가 하늘의 부름을 받았다느니 하는 내용은 유학자로서 포함하지 않았다.

더불어 금나라에 대한 사대주의를 주장했던 김부식이었기에 고구려, 백제, 신라가 중국의 왕조에 사대하고 조공 관계를 맺은 역사를 유독 강조하였다. 그리고 김부식은 경주 김씨, 옛 신라 왕실 집안이다. 그러다 보니 필연적으로 신라 중심적인 서술이 될 수밖에 없었다. 예컨대 고구려, 백제, 신라 세 나라 중 신라의 건국 연도를 가장 빠르게 설정한 것도 그러한 맥락이다.

오늘날 학자들은 《삼국사기》에 적힌 삼국의 건국 연도를 전혀 믿지 않는다. 열전에 등장하는 인물의 수와 분량도 신라와 다른 두 나라 간의 차이가 크다. 유교적 가치와 교훈을 지나치게 투영하려다 보니 《삼국사기》는 보수적이라는 평가에서 벗어날 수 없다.

일제강점기 민족주의 사학자 신채호는 《삼국사기》를 신랄하게 비판하기도 했다. 이러한 인식 때문에 김부식의 《삼국사기》는 고구려의 위상을 깎아내리는 식으로 기술되어 있다는 편견마저 생겼다. 《삼국사기》가 신라 중심으로 서술된 것은 맞지만, 막상 읽어 보면 고구려에 대해서도 충분한 분량을 할당했으며 광개토대왕, 을지문덕, 온달 등 고구려의 영웅에 대해서도 박수와 찬사를 보내고 있다.

다만 전쟁으로 멸망한 고구려, 백제와 고려로 병합된 신라는 남은 자료의 차이가 클 수밖에 없었고, 김부식도 철저히 사실에만 입각하려다 보니 자료량의 한계로 고구려와 백제에 대해선 신라보다 분량이 적은 원인도 분명히 있다. 김부식은 신라 말 신라 정부에 반기를 들었던 궁예와 견훤에 대해서도 높게 평가하기도 했다.

더불어 설화가 전혀 없다기 보다는 설화를 최대한 사실에 가깝게 해석하려는 노력도 엿보인다. 다시 한번 《한국문학통사》(조동일, 지식산업사, 2005)를 집대성한 서울대학교 조동일 교수의 해설을 인용해 본다.

《삼국사기》는 겉과 속이 상반된다고 할 수 있다. 유교적인 가치관 확립의 의도가 <본기>에서도 충분히 관철되었다고 하기는 어려운 데서 더 나아가, <열전>에는 지배 질서와 어긋나는 내용이 적지 않게 들어가 있으며, 서로 하를 소재로 해서 창작한 작품이 상당한 비중을 차지한다. 인물의 행적을 실제로 다룬 데서는 겉으로 표방한 주장과는 다른 이면적인 주제가 발견된다. 문장도 격식과 품

위를 유지하기만 한 것은 아니고, 미천한 인물이 나날이 겪는 세상살이를 박진

감 있게 묘사하는 데까지 나아갔다. (중략) 그 이유가 무엇인가 하는 의문을 풀고

자 하면 두 가지 대답을 생각해 낼 수 있다. <열전>에서 이용한 자료에 사회 저

변에서 받아들인 현실 인식을 생동하게 형상화한 성과가 상당한 정도로 축적되

어 있고 받아들여 정착시켜야 했다. 많은 작가가 그렇듯이 김부식 또한 다면적

인 성격을 가져, 정치인이나 이념 담당자와는 다른 작가의 자아가 삶의 실상과

폭넓게 부딪히는 충격을 받으면 별도의 활동을 할 수 있다. 이 둘이 택일의 관계

에 있다고 하지 않고 합치려고 노력하면 정답에 접근한다고 생각된다.

-《한국문학통사》(조동일, 지식산업사, 2005)

雨歇長堤草色多
送君南浦動悲歌
大同江水何時盡
別淚年年添綠波

비 갠 긴 언덕에 풀빛 푸르른데
그대를 남포에서 떠나보낸 노래가락은 구슬프기도 하여라
대동강 물이 어찌 다 마르겠는가
이별의 눈물로 해마다 푸른 물결에 더하는데

-〈송인〉, 정지상

여진 정벌에 매진했던 16대 왕 예종. 이자겸의 난과 묘청의 서경천도운동으로 고려가 떠들썩했던 17대 왕 인종. 두 부자 왕의 치세는 정신없는 사건들의 연속이었지만, 두 왕의 치세에 이르러 고려는 독자적 문화를 완성하며 고려만의 정체성을 확립했다. 흔히 '고려'하면 떠오르는 여러 이미지가 예종~인종 재위기인 12세기에 형성되었다. 고려의 문화는 고려 내부뿐만 아니라 국제적으로도 명성을 알렸는데, 그 고려의 미학을 분야별로 살펴보면 이렇다.

9

고려의 미학

예종·인종 치세의 문학적 성취

12세기 고려 중기는 유학을 숭상하는 문벌 귀족의 오랜 집권으로 문풍이 크게 유행하여 다양한 방식으로 문학적 성취를 이루었다. 특히 예종은 훗날 고려 후기의 문인이 예종 대에 태어나지 못한 것을 아쉬워했을 정도로 문예에 밝은 군주였으며, 예종이 혼자서 지은 한시도 꽤 많이 전해지고 있다.

국립고등교육기관 국자감의 공교육 강화를 위해 출판부 서적포를 국자감에 두었던 아버지 숙종에 이어 예종은 국자감의 명칭은 '국학'으로 바꾸고 국자감 입학생의 수를 대폭 늘렸다. 대폭 늘어난 학생의 학비를 국가에서 지원하고자 국자감에 '양현고'라는 장학재단을 세워 학생에게 마음 놓고 학문에만 매진하도록 재정적 지원을 담당했다.

강의 자체도 강화하기 위해 '7재'라는 일곱 개의 특별 전문 강좌를 신설했다. 7재는 주역, 상서, 모시, 주례, 대례, 춘추, 무학 등을 심화 교육하는 과정이었다. 국자감에 대형 도서관 겸 학문 연구소 기능까지 겸비한 청연각과 보문각을 설치하였다. 학사들이 청연각과 보문각에 모여 유교 경전을 강론하며 임금도 참석했었다.

인종도 국자감의 교육 과정을 개편해 유학부와 기술학부로 나누어, 유학부에서는 국자학, 태학, 사문학을, 기술학부에서는 율학, 서학, 산학을 가르치는 체제가 비로소 정비되었다. 여섯 가지 일반 강의를 '경사 6학'이라 불렀다. 인종은 최윤의 등 열일곱 명의 유학자에게 유교적 예식을 정리한 《상정고금예문》을 간행하도록 하는 등 국가적 차원에서 유교를 진흥시켰다.

예종은 서경에서 팔관회에 참석하던 와중 문예적 군주답게 고려의 시조인 왕건을 위해 공산 전투에서 장렬하게 전사한 신숭겸과 김락을 추모하는 노래를 만들었다. 이 노래가 〈도이장가〉다.

님을 오롯하게 하신
마음은 하늘 끝까지 미치니
넋이 가셨으되

삼으신 벼슬은 높구나

바라보면 알리라

그때의 두 공신이여

오래되었으나 곧은

자취는 나타나는구나

- <도이장가>

<도이장가>는 향찰로 쓰인 8구체 향가로, 고려 전기 4대 왕 광종 대에 승려 균여가 수집한 4구체 향가 10수 <보현십원가>와 훗날 18대 왕 의종 대에 유배 간 어느 신하가 임금을 그리워하며 지은 10구체 향가 <정과정>과 함께 고려의 대표적인 향가로 손꼽히고 있다.

인종 대에도 한시와 문장력으로 이름을 날린 정지상과 김부식이 각자의 실력으로 서로 대립했다는 대목에서도 고려의 한문학 또한 얼마나 발달했었는지 유추해 볼 수 있다. 앞서 소개한 정지상의 <송인>은 오늘날에도 모든 문학자가 한국 한시의 걸작이라고 평가하고 있다.

고려시대 때의 음악에는 궁궐에서 쓰인 궁중 의례용 음악이 있었고, 민가에서 노래하던 음악이 별도로 존재했다. 국가 공식적인 궁중 의례용 음악은 예종 때 송나라로부터 대성악을 수입해 와 궁중음악으로 발전시켰는데, 이를 '아악'이라고 하며 주로 문묘제례악 때 노래를 연주했으며 고려시대의 궁중음악 아악은 조선시대로 넘어가서도 계속

이어졌다.

반면 민가에서 노래하던 음악은 삼국시대 때부터 전통적으로 내려오던 음악으로 '향악' 혹은 '속악'이라고 부른다. 고려시대의 향악(속악)을 '고려악'이라고도 불렀는데, 민가에서 유행하던 음악이라 작자와 연대가 미상인 작품이 대부분이다.

고려악을 흔히들 '고려가요'라고도 부르는데 민중적인 정서를 담고 있어 고려가요만의 장르적 매력이 돋보여 예부터 그 가치를 인정받고 있다. 대표적인 고려가요로는 〈가시리〉, 〈동동〉, 〈만전춘〉, 〈서경별곡〉, 〈이상곡〉, 〈정석가〉 등이 있는데 전부 남녀 간의 애정과 이별을 노래한 작품들이다.

　

가시리 가시리잇고 나난
버리고 가시리잇고 나난
위 증즐가 태평성대

나더러는 어찌 살라 하고
버리고 가시렵니까 나난
위 증즐가 태평성대

잡아두고 싶지만
서운해하서 아니 올까 봐

위 증즐가 태평성대

서러운 임 보내옵나니 나난
가시거늘 곧 돌아오소서 나난
위 증즐가 태평성대

- <가시리>

서경이 서경이 서울이지마는
위 두어렁셩 두어렁셩 다링디리
중수한 서경 이곳을 사랑합니다만,
위 두어렁셩 두어렁셩 다링디리
임을 여의느니 차라리
위 두어렁셩 두어렁셩 다링디리
길쌈하던 베를 버리고서라도
저를 사랑해 주신다면 울면서라도 따라가겠습니다.
위 두어렁셩 두어렁셩 다링디리

구슬이 바위에 떨어진들
위 두어렁셩 두어렁셩 다링디리
끈이야 끊어지겠습니까?
위 두어렁셩 두어렁셩 다링디리

임과 떨어져 홀로 천년을 살아간들
위 두어렁셩 두어렁셩 다링디리
임을 사랑하고 있는 마음이야 끊어지겠습니까?
위 두어렁셩 두어렁셩 다링디리

대동강이 넓은 줄을 몰라서
위 두어렁셩 두어렁셩 다링디리
배를 내어놓았느냐? 사공아
위 두어렁셩 두어렁셩 다링디리
네 아내가 음탕한 짓을 하는 줄도 모르고
위 두어렁셩 두어렁셩 다링디리
떠나는 배에 내 임을 태웠느냐? 사공아
위 두어렁셩 두어렁셩 다링디리
대동강 건너편의 꽃을
위 두어렁셩 두어렁셩 다링디리
배를 타면 꺾을 것입니다
위 두어렁셩 두어렁셩 다링디리

- <서경별곡>

얼음 위에 대나뭇잎으로 자리 펴서
임과 내가 얼어 죽을망정

얼음 위에 대나뭇잎으로 자리 펴서

임과 내가 얼어 죽을망

정든 오늘밤 더디게 새오소서, 더디게 새오소서

근심 어린 외로운 침상에

어찌 잠이 오리오

서쪽 창문을 열어젖히니

복숭아꽃이 피어나 있습니다.

복숭아꽃은 시름없이 봄바람에 웃는구나 봄바람에 웃는구나

넋이라도 임과 함께

지내는 모습 그리더니

넋이라도 임과 함께

지내는 모습 그리더니

어기시던 사람 누구셨습니까 누구셨습니까

오리야 오리야

어린 비오리야

여울일랑 어디 두고

연못에 자러 오느냐

연못이 얼면 여울도 좋으니 여울도 좋으니

남산에 자리 보아

옥산을 베고 누워

금수산 이불 안에

사향 각시를 안고 누워

약 든 가슴을 맞추옵니다 맞추옵니다

아! 임이여 평생토록 헤어짐을 모르고 지냅시다

- <만전춘>

고려는 서예 예술도 발달했었다. 고려에는 전설적인 두 서예가가
있었는데, 그중 한 명이 고려 중기 때의 승려 탄연이었다. 탄연은 중국
에서 유래한 왕희지체에 능통했는데, 고려 귀족미의 세련됨과 함께 날
카롭고 유려한 형식이 특징이었다. 고려 후기의 문인 이규보는 탄연의
서예에 대해,

매번 들춰 볼 적마다 정채가 찬란히 피어 마치 연꽃이 못에서
나온 듯하고, 가운데 뼈와 가시를 머금고 고운 살로 가린 듯
하여 마치 뛰어난 장인이 재목을 씀에 온당함이 서로 이어져
조탁하고 천착한 흔적이 없는 것과 같다.

라고 평론했다. 전해지는 탄연의 작품으로는 춘천 청평산에 있던

문수원의 중수비, 운문사 원응국사의 비문 등이 있다.

비색의 고려청자

고려를 상징하는 단 하나의 이미지를 꼽으라면 모두가 한 입으로 고려청자를 꼽는다. 구한말에서 일제강점기 우리의 문화재가 암시장에서 거래될 때도 고려청자와 조선백자는 가장 비싼 가격에 사고 팔렸다. 고려청자의 아름다움은 고려인도 잘 알아서 여러 문인이 고려청자를 예찬하는 시를 꼭 남겼다.

본디 고려 전기까지만 해도 중국에서 중국청자를 비롯한 자기를 수입해 왔지만, 중국의 분열 시대로 인해 수입하기 어려운 상황이 오자 고려는 10~11세기경부터 자기를 자체 제작하는 기술은 연마했다.

다완을 제작하던 고려청자는 12세기경이 되면 더 다양한 용도로 쓰이며 난숙해지는 단계에 이른다. 고려가 자체적으로 제작했던 고려청자의 색깔은 중국인이 보기에도 처음 보는 빛깔이었다. 1123년(인종 1년) 송나라에서 송나라 황제 휘종이 '서긍'이란 사신을 고려로 파견했다. 문예적 능력도 뛰어났던 서긍은 한 달간 고려의 수도 개경에 머물면서 고려의 각종 문물과 풍속을 300여 가지 항목으로 나누어《선화봉사고려도경》이란 그림책으로 정리하였다.

《선화봉사고려도경》은 부분적으로 전해지고 있지만 고려의 사회상을 알 수 있는 귀중한 사서이며, 특히 고려의 자기를 극찬한 부분이 눈에 띈다. 서긍에 따르면 고려인은 고려청자의 영롱하고 신비스러운 이

빛깔을 비색翡色이라고 불렀다고 한다.

> 도기의 빛깔이 푸른 것을 고려인은 비색翡色이라고 하는데,
> 근래에 들어 제작 기술이 정교해져 빛깔이 더욱 좋아졌다.
> (중략) 월주요의 옛날 비색秘色이나 여주요에서 요즘 생산되
> 는 도자기와 대체로 유사하다.
>
> ―《선화봉사고려도경》, 서긍

　월주요와 여주요는 당대 중국에서 최고급 자기를 생산하고 국제적
으로 수출하던 가마였다. 고려가 자체 제작한 청자를 중국의 월주요,
여주요와 동일한 선상에서 이야기하는 평가만으로 극찬에 가까우며
중국청자의 비색(秘色)과 고려청자의 비색翡色을 구분하고 있다.
　눈으로도 확인할 수 있듯 두 청자의 색깔은 서로 다른 색이며, 각자
만이 낼 수 있는 빛깔을 내고 있다. 고려청자의 비색을 묘사하는 문구
로 비가 그친 뒤 갠 하늘색이란 뜻의 '우후청천색雨後晴天色'이라고도 하
며, 중국 송나라의 학자 태평노인은 그의 저서《수중금》에서 분야별
공예품의 최고작을 꼽을 때 자기 편에서 '고려비색 천하제일'이라며 고
려청자를 꼽기도 하였다.

　고려의 17대 왕 인종의 무덤은 북한 개성에 있는 장릉이란 무덤이
다. 일제강점기 일본의 어느 도굴꾼과 골동품상이 장릉을 도굴하고는

그 출토품을 조선총독부에 팔면서 세간에 알려졌다. 출토품들 가운데 만인의 이목을 사로잡은 청자 꽃병이 있었으니 국보 94호 '청자 참외모양 병'이다. 인종의 무덤 출토품이니 아마 인종 시기 고려를 방문한 서긍이 봤던 청자가 이런 류의 청자였을 것이다.

청자 참외모양 병은 유려한 곡선이 빈번하게 변주되며 특유의 볼륨감을 드러낸다. 위에서 내려오든 아래에서 올라가든 청자 참외모양 병의 선에 따라 시선을 움직이면 과연 우리 조상은 곡선을 가장 예술적으로 활용할 줄 아는 사람이었다는 것을 새삼 느끼게 해 준다.

병의 입은 만개한 꽃잎 같되 두께를 아주 얇게 해서 소녀적인 풋풋함이 있고, 몸통의 두툼함은 성숙하고 탄력적이면서 동시에 유연함마저 풍긴다. 청자 참외모양 병에 새겨진 선의 쓰임도 정교하다. 병의 목에 해당하는 맨 윗부분은 아무런 선이 구획되어 있지 않아 깔끔하고, 병의 중간 부분인 몸통은 선의 주름이 널찍널찍 새김질되어 있고, 가장 아랫부분은 촘촘하고 빽빽하게 디자인되어 있다. 높이 22cm로 큰 편도 아닌데 볼거리가 다채롭게 구성되어 있다. 이 꽃병에 매화잎이

달린 매화 가지가 꽂힌 모습을 상상해 보라. 마치 꽃과 나무가 이 꽃병에서 만들어졌다는 생각까지 느껴진다.

12세기 고려청자는 아무런 그림이 새겨져 있지 않다고 해서 '순청자'라고도 부른다. 순청자는 아무런 그림이 없기에 색의 빛깔, 청자의 곡선에 더 집중할 수 있다. 많은 순청자가 있지만, 그중에서 항상 거론되는 걸작 몇 작품이 있다. 고려청자에 관심이 없더라도 어디서든 어떤 식으로든 한 번쯤은 봤을 법한 작품이다.

• 청자 투각 칠보무늬 향로

청자 투각 칠보무늬 향로는 국보 95호로 향을 피우는 향로다. 고려 순청자 중 향로의 대표격으로 늘 거론되는데 다채로운 조형성에 눈을

뺏기다 보면 이 작품의 디테일을 놓칠 수가 있다. 이 향로를 떠받치고 있는 세 마리의 토끼를 보면 전체적인 작품의 유기성과 어울리지 않는다는 느낌이 들다가도 또 시선을 이 토끼에게 한참 빼앗긴다. 유홍준 교수는 이 토끼가 작품의 위트라며 고려청자의 유머 감각을 높이 평가했다. 구멍이 예술적으로 뚫려 있는 저 공 모양의 뚜껑에서 연기가 흘러나오는 모습을 상상해 보면 몽환적이기 그지없다.

· 청자 거북이모양 주자

청자 거북이모양 주자는 물, 차, 술 등을 따르는 주전자로 '거북이'라고 하지만, 정확히 어떤 동물을 조형했는지는 알 수 없다. 실존했을 동물이었는지 상상 속의 동물이었는지 감상자의 몫이다. 1세대 고고미술 최순우 평론가는 거북이의 앉음새와 맵시를 보고 한국적인 환상이

요, 한국적인 맘편안 앉음새라고 묘사하며 도도해 보이지도 거드름 같은 것도 느껴지지 않고 따스하게 바라볼 수 있는 너그럽고 소탈한 감정이 든다고 평했다.

• 청자 사자 장식 향로

청자 사자 장식 향로는 국보 60호로, 청자 투각 칠보무늬 향로와 함께 고려순청자의 향로를 대표하는 작품이다. 향로 뚜껑에 조형되어 있는 동물은 정확히 '산예'인데 상상 속의 동물이며, 서긍은《선화봉사고려도》에서 고려청자 가운데 중 산예 장식의 향로를 특히 극찬했다. 청자 거북이모양 주자의 동물과는 인상의 차이가 있다. 청자 거북이모양 주자의 동물은 늠름하고 굳세고 날렵하지만 청자 사자 장식 향로

의 산예는 어딘가 귀엽고 애교 넘치는 구석이 있다. 역시 산예의 입에서 연기가 피어오르는 걸 생각해 본다면 현실을 도원경으로 착각할 것만 같다.

• 청자 비룡모양 주전자

거북이에 이어 용의 모습으로 조각한 청자 비룡모양 주전자다. 청자 거북이모양 주자는 펑퍼짐한 볼륨감이 매력이라면, 청자 비룡모양 주전자는 치솟아 오를 것만 같은 수직성이 압권이다. 유홍준 교수는 이 작품에 대해 겹겹의 비늘이 아주 가늘고 섬세하게 표현되어 사실적이며, 뒤에서 보면 용이 앞으로 질주하는 듯하고 앞에서 보면 고개를 흔들며 움직이는 듯한 생동감이 느껴진다고 묘사했다.

· 청자 석류모양 주전자

청자 석류모양 주전자는 전문가보다 일반 감상자의 큰 인기를 받는
작품이다. 순청자에 다양한 종류가 있다고 하더라도 일정 그룹의 카테
고리가 있는데, 청자 석류모양 주전자는 다른 작품군에 잘 속하지 않
은 개성 어린 매력의 이형적인 작품이다. 최순우 평론가는 이 작품을
평론하며 특히 조각 예술의 본질을 논하기도 했다. 조각 예술은 미감
도 중요하지만, 실용성과 시선의 편안함이 선행되어야 하는데, 청자
석류모양 주전자가 딱 그 예술성에 부합하는 작품이라는 것이다. 청자
석류모양 주전자는 잔재주가 없으며 이형적 조형성에도 불구하고 그
자연스러움을 파악하는 것이 중요하다며, 그 자연스러움이 고려청자
였다고 평가했다.

더 이상의 아름다움이 없을 정도로 미학적 수준을 성취한 순청자이
지만, 고려청자는 12세기 말에 상감법을 터득하여 13세기경에 가면 바
야흐로 상감청자의 시대를 맞이한다. 도자기나 목공예에 금, 은, 보석,
뼈, 자개 등의 다른 재료들을 박아 넣거나 다른 색깔의 흙을 그림대로
끼워 넣는 예술 기법을 '상감'한다고 표현한다. 고려는 상감청자를 만
들어 내며 비로소 고려인의 하늘을 표현할 수 있었고 고려청자의 최전
성기를 구가한다.

한국 회화의 전통을 마련하다

삼국시대 때는 회화가 발달하지 않았다. 신라의 화가 솔거가 그린 소
나무 그림이 유명했다고 하지만 작품이 전해지지 않고 있으며 솔거의
생몰 연도도 정확하지 않다. 백제의 아좌태자가 그려 준 일본의 쇼토
쿠 태자 초상화와 고구려의 승려 담징이 일본의 호류지에 그려준 〈금
당벽화〉가 전해지고 있으나, 두 그림을 실제 아좌태자와 담징이 그렸
는지도 논란이 되고 있기에 삼국시대 회화 예술은 단서가 지극히도
부족하다.

한국 회화가 독자적인 예술 장르로 꽃을 피운 시대는 조선시대지
만, 그 전통을 마련한 건 고려시대다. 고려는 '도화원'이라는 그림을 그
리는 관청을 운영했다. 국가 차원에서 그림을 그리는 화가를 공무원처
럼 육성했다는 뜻이다. 고려의 도화원이 수도 개경에 있었다는 기록은
없고 서경에 두었다는 기록으로 보아 분명 개경에도 도화원을 운영했

으리라 짐작하고 있다. 이 덕에 고려에서는 전문 화가가 등장했고, 귀족과 관료도 취미 생활로 작품을 남기는 문인화가 유행하였다.

도화원 소속 화인의 작품과 지배층의 문인화 전통은 조선시대로 명맥이 이어져 바야흐로 조선시대 때 한국 회화가 완성된다. 고려가 언제 도화원을 만들었는지 기록은 없지만, 대체적으로 예종 시기로 추정하고 있다.

고려시대 때 본격적으로 정립된 회화의 장르는 이미 동양화의 전통을 출발시킨 중국화의 유행을 따라갈 수밖에 없었다. 중국화에서 가장 많이 생산되고 소비된 장르는 산수화였으며, 송나라의 여러 문인과 화가와 교류하며 고려에서도 산수화가 가장 유행하였다.

고려시대 도화원 소속 중 가장 유명한 화원은 이령과 이광필이었다. 두 사람은 그림 솜씨가 아주 뛰어나 《고려사》의 열전에서 별도로 그들의 분량을 할애할 정도다. 이령이 송나라에 사신으로 방문했을 때 예술 군주로 이름 높았던 송나라의 황제 휘종이 이령이 그린 〈예성강도〉를 보고,

"근래 사신을 수행해 온 고려 화공이 많았으나 이령의 솜씨가 가장 뛰어나다."

라며 술과 음식을 내리고 명품 옷들을 선물했다고 한다.

이령의 스승이 이준이였는데, 이준이는 그림에 아주 자신감이 넘쳤다고 한다. 그런 이준이조차 이령의 그림을 보고는 인종에게,

"이 그림이 만일 다른 나라에 있었더라면 저는 천금을 주고라도 구입했을 것입니다."

라고 인정할 수밖에 없었다고 한다. 궁중 그림은 모두 이령이 맡아 그렸다.

이광필은 이령의 아들로 역시 산수화의 대가였다. 이광필은 관직도 받았으나 종일 그림에만 몰두하느라 정무를 소홀히 하였다고 한다. 훗날 고려의 19대 왕 명종은 이광필에게,

"이광필이 아니었더라면 삼한三韓 그림의 맥이 거의 끊어졌을 것이다."

라는 말까지 했다.

벽란도의 KOREA

고려하면 빠질 수 없는 것이 예성강의 벽란도다. 조선에 한강이 있었다면 고려에는 예성강이 있었다. 벽란도 시장이 정확히 언제쯤 형성되었는지 구체적인 기록은 없지만, 예성강은 고려 건국 직후부터 그 중요성이 주목받아 고려에서 가장 중요한 강으로 기능했다.

예성강은 고려의 수도 개경의 서쪽 부근을 흐르는 강으로 강화도 해역에서 임진강, 한강과 만나 바다로 이어진다. 예성강은 수로로 개경까지 들어올 수 있는 최적의 길이기에 수도 개경에서 바다로 나아가거나 혹은 반대로 들어오는 배는 무조건 예성강을 이용할 수밖에 없었다.

고려 내 세금을 운반하는 조운선이 개경으로 들어올 때도 예성강을 타고 조창까지 세금을 날랐으며, 고려에서 송나라로 사신을 보낼 때

와 송나라에서 고려로 사신을 보낼 때도 배를 타고 예성강을 가로질렀다. 중국 북방에는 거란족의 요나라 혹은 여진족의 금나라가 있었기에 고려와 송 사이의 교류는 바닷길을 이용해야만 했다. 송나라 황제에게 고려의 천재 화가 이령이 그려준 그림도 〈예성강도〉였다.

사람과 물자를 실은 배가 예성강으로 집중되니 예성강 하구에는 자연스레 상권이 조성되었고 예성강 하구에 만들어진 무역항의 이름이 '벽란도'였다. 오늘날 북한의 황해도 배천군에 있었던 벽란도는 수도 인근에 조성된 무역항인 만큼 고려 최대 규모의 무역항이었다.

고려 인종 때 고려를 방문한 송나라의 사신 서긍이 고려를 방문한 뒤 엮은《선화봉사고려도경》에도 벽란도가 언급된다.

> 12일 계사일 아침에 비가 그쳤다. 조류를 따라 예성항에 이르자, 정사와 부사는 신주神舟(송나라 사신이 탄 배)로 옮겨 탔다. 정오쯤 정사와 부사가 도할관, 제할관을 거느리고 채주采舟(장식이 화려한 작은 배)에서 조서를 받들어 모셨다. 1만여 명 정도 되는 고려인이 병기, 갑마, 기치, 의장물을 가지고 해안가에 차례로 늘어서 있고 구경꾼이 담장처럼 서 있었다. 채주가 해안에 이르자 도할관과 제할관이 조서를 채색 가마에 받들어 모셨다. 하절이 앞에서 인도하고 정사, 부사는 뒤에서 따라갔으며 상절과 중절은 그다음으로 따라갔다. 벽란정碧瀾亭으로 들어가서 조서를 봉안하는 일이 끝나자 자리를 나누

어 잠시 쉬었다.

-《선화봉사고려도경》, 서긍

송나라 사신단을 접견하기 위해 고려인 1만여 명이 해안가에 늘어서 있었고 구경꾼이 담장처럼 서 있었다는 기록에서, 당시 벽란도에 얼마나 많은 인파가 모여들고 있었는지 가늠해 볼 수 있다.

서긍의 기록 속에서 하나 더 주목할 곳이 '벽란정'이다. 벽란정은 송나라 사신단을 접견하고 의전하는 국가 관청으로, 서벽란정과 우벽란정으로 업무가 나뉘어 있고 송나라 사신들이 잠시 휴식할 수 있는 호텔 같은 건물도 있었다고 한다.

외교 업무를 담당하는 관청뿐 아니라 벽란도를 오가는 선박을 통제하고 외국 상인을 관리하는 관직도 벽란도로 파견되었다. 벽란도에서는 국가가 운영하는 찻집과 술집이 즐비했으며 외국 상인이 머무를 수 있는 숙박 시설과 심지어 전당포도 존재했다.

《고려사》에는 벽란도에서 수회水戱 공연이라고 수중극을 공연했으며, 고려 왕이 종종 찾아서 즐겼다는 기록도 있다. 《고려사》의 백선연이라는 환관의 열전에는 벽란도에서 '어떤 자가 귀신 놀이하면서 불을 머금고 토하다가 실수로 배 한 척을 태웠으나 왕은 껄껄거리며 좋아했다'는 기록이 있는데, 벽란도에서는 일종의 차력쇼도 이루어진 것이다.

벽란도를 배경으로 한 고려 문인의 시 작품에는 인산인해를 이루었던 활기찬 벽란도의 모습을 저마다의 방식으로 묘사하고 있다.

벽란도는 말 그대로 무역의 중심지였다. 송나라는 해상 무역을 적극적으로 권장했기에 송나라 상인은 언제나 바닷길을 통해 예성강의 벽란도에서 고려인과 교류했다. 고려인은 고려의 자랑거리인 화문석, 나전칠기, 인삼 등을 팔고, 송나라 상인에게는 고려에서 흔히 볼 수 없는 약재, 서적, 비단 등을 수입했다.

사실 벽란도의 활기를 가열한 주체는 송나라 사신보다는 송나라 상인이었다. 서긍의 기록에 의하면 송나라 항구에서 예성강의 벽란도까지 생각보다 많은 시간이 소요되며 풍랑과 파도의 위험까지 있기에, 한번 고려를 방문한 송나라 상인은 몇 개월이나 고려에 체류했으며 이중엔 귀화인까지 있었다.

물론 벽란도는 송나라와 고려와의 무역만 이루어지진 않았다. 어떤 목적으로든 모든 외국에서 고려로 입항할 때는 예성강의 벽란도를 지나쳐야 했다. 일본과의 교역도 벽란도를 통해 이루어졌는데, 고려는 일본에 포목, 인삼 등을 팔고 일본은 고려에 진주와 수은 등을 팔았다.

베트남, 태국, 인도 상인도 벽란도를 방문했으며 심지어 고려에서는 '대식국'이라 부르던 이슬람 상인도 벽란도를 찾았다. 이슬람 상인은 각종 향신료 등을 팔았고, 고려로부터는 다양한 토산물대외 개방성을 수입해 갔다. 중동의 이슬람 상인은 고려의 토산물을 서양인에게 다시 팔고 '고려'를 그들 발음대로 소개하면서 한국은 'Korea'로 퍼졌다.

조선시대 이후로도 특히 구한말에 이르기까지 서양인이 계속 한국을 Korea라고 불렀을 정도로 Korea라는 이름은 이미 서양에는 퍼질 대로 퍼져서 고착화되어 있었다. 훗날 일제강점기 신민족주의 사학자였던 민세 안재홍은 조선 멸망의 원인이 폐쇄성에 있다면서, 벽란도의 사례를 들어 고려의 적극적인 대외 개방성에 주목하기도 했다.

그러나 고려의 대외 개방성에 대해서는 해석의 논란이 많다. 알려진 것보다 고려 상업이 더 컸다는 견해와 지나치게 과장되었다는 견해가 있다. 전자의 해석에 따르면 고려의 대외 무역은 벽란도를 구심점으로 비단 외국 상인만 들어온 것이 아니라 고려 상인도 적극적으로 해외로 진출하였다고 한다.

고려시대에 문인이 지은 시에는 고려 상인의 해외 진출을 은유하는 구절이 종종 있는데, 이규보의 시에는 고려의 배가 '남만의 하늘에 이르렀다'고 하며 고려의 돛단배는 준마가 땅 위에서 달리는 속도보다 빠르다고 묘사하고 있다. 일부 송나라 상인이 고려로 귀화한 이유도 고려 상업이 더 발달해 있음을 시사하는 것이기에, 아직 밝혀지지 않은 고려 상인의 활약상이 존재한다는 학설이 있다.

이와 반대로 벽란도의 상업이 과장되었다는 해석이 있다. 송나라 역사서에 기록된 고려 상인의 송나라 방문 횟수는 지극히 빈약하며, 이슬람 상인이 고려의 벽란도를 방문한 횟수도 고려 500년 통틀어 딱 세 번이기 때문이다. 고려시대 문인이 시로 묘사한 고려 상인의 활동은 '시'라는 문학적 특성상 수사적인 표현일 뿐이며, 무엇보다 고려 정부는 민간 사무역을 철저하게 통제하였다.

　고려는 비단 벽란도의 해상 무역뿐만 아니라 요나라, 금나라 등 북방 민족 혹은 국가와의 민간 무역마저도 제한하였다. 《고려사》에는 밀무역이 성행하기에 처벌을 강화해야 한다는 기록이 매우 많다. 고려시대 무역은 오로지 공무역만 허용되었다. 그래서 고려 상인이 바다로 나갈 수 있는 제도적 장치가 전혀 없었다. 벽란도의 상업은 오로지 송나라 상인 혹은 송나라 사신단의 입항을 통해서만 부분적으로 가능했을 수밖에 없다는 학설이다.

　고려대학교 이진한 교수는 고려시대의 대외 무역이 조선시대와 비교한다면 더 개방적일 수는 있으나 절대적 기준에서 놀랄 정도의 개방성은 없었으며, 오히려 신라시대의 울산항보다 못했다고 말한다. 이는 농업 기술 발전에 따른 필연적인 결과로 농업 기술이 그다지 발달하지 못한 신라에서는 상업에라도 의존할 수밖에 없었지만, 점차 농업 기술이 발달하면서 고려나 조선은 농업에 집중하고 상업은 점차 통제해 갔다.

　고려와 조선 모두 상업이 엄청난 수익을 창출할 수 있다는 것을 알았다. 하지만 상업이 발달하면 정부에 대항할 수 있는 해상 세력이 생기기에 상업은 억제하고 농업을 진흥시켰다. 아직 조선시대만큼 농업 기술이 발달하지 못했던 고려는 농업을 장려하는 가운데 제한적으로 상업을 허용하는 국가였다.

한편 해상 무역의 측면에서 볼 때 조선에 비해 개방적이고 활발했다고 할지 모르겠으나 신라 말보다는 현저히 쇠퇴했다. 그렇다고 고려가 신라에 비해 역사적으로 후퇴했다고 오해해서는 안 된다. 오히려 이러한 사실을 -보편사적으로 보아- 고려 사회가 비교적 무역이 자유롭게 이루어지던 고대에서 자급 자족적인 자연 경제를 특징으로 하는 중세로 진입했음을 알려 주는 증표의 하나로 이해해야 한다. 그런 점에서 고려의 경제적 지향을 무역이나 상업이 아니라 농업 진흥에 두는 것은 매우 당연한 일이었고, 국가 운영의 핵심에 토지를 매개로 인간과 인간을 연결하는 전시과 제도가 있는 것도 그 때문이다.

— 〈고려시대 예성항 무역의 실상〉, 이진한

벽란도를 통한 고려의 대외 개방성에 대해선 말이 많지만, 예성강이 고려 최대 수운 교통의 요충지였다는 것만은 부정할 수 없다.

어쩌면 당신이 원했던
고려 갈등사 1
통합과 수성의 시대

펴낸날	초판 1쇄 2023년 10월 25일
지은이	이영
펴낸이	강진수
편 집	김은숙, 최아현
디자인	**표지** Stellalala_d **내지** 이재원
인 쇄	(주)사피엔스컬처
펴낸곳	(주)북스고 **출판등록** 제2017-000136호 2017년 11월 23일
주 소	서울시 중구 서소문로 116 유원빌딩 1511호
전 화	(02) 6403-0042 **팩 스** (02) 6499-1053

ⓒ 이영, 2023

ISBN   979-11-6760-055-4   03910

책 출간을 원하시는 분은 이메일 booksgo@naver.com로 간단한 개요와 취지, 연락처 등을 보내주세요.
Booksgo 는 건강하고 행복한 삶을 위한 가치 있는 콘텐츠를 만듭니다.